사진 찍는 너를 보는 나를 보다
: 시각장애인의 사진 찍기, 그 낯선 세계의
경계 넘기를 위한 자문화기술지(AUTO-ETHNOGRAPHY)

김미남 글과 그림

yangmal gihoek

사진 찍는 너를

시각장애인이 찍은 사진을
눈으로만 보려 했던
비시각장애인 저자의 자기 탐구
(자문화기술지, AUTO-ETHNOGRAPHY)

보는 **나**를 보다

김미남 글과 그림

찍는 너를 보는 나를 보다

시각장애인의 사진 찍기
그 낯선 세계의 경계 넘기를 위한
김미남의 자기문화기술지(AUTO-ETHNOGRAPHY)

"그는 겉으로 보이지 않는 것들을 사진으로 찍었다. 그리고 사진에 드러났을 때, 그것들은 보이는 것 이상이었다."(Berger, 2015, p. 193)

- 존 버거(John Berger)가 앙리 카르티에-브레송(Henri Cartier-Bresson)에게 바치는 헌사 중 -

너를 보며
나는 처음으로 내게 물었어.

"사진을 찍는다는 건…… 뭘까?"

CONTENTS

제1장 오만과 의심 가득한 시작 17

소설 대성당 18
사진 그리고 시각장애인 22
계속되는 의심 28
궁금한 경계 너머 33
욕심 37

제2장 자문화기술지(Auto-Ethnography) 43

비시각장애인 연구자의 자기 탐구 44
자문화기술지? 47
한 명을 연구하는 연구도 연구! 49
자기를 연구해도 될까? 52
자서전이 아닌 '문화연구'입니다 56
자문화기술지의 유형들 60
'너의 사진'을 이해하기 위한 '나'의 선택 64
연구는 어떻게 진행되었는가? 76

제3장 시각장애 학생들의 사진찍기: 내가 본 것과 내가 이해한 것의 차이 81

1. 이상한 사진 나라의 앨리스: 사진찍는 시각장애학생 들과의 만남 82

Q로부터 듣게 된 신기한 사진 수업 83
시각장애 학생들의 사진찍기, 궁금할 수밖에 87
사진수업 보조교사, 제가 해도 될까요? 90
신기한 구경에 설레기만 한 나 94
이상해도 너무 이상한 사진 찍기 102
'의미 없는 사진 수업… 그만 둘까?' 111

2. 보이지 않는 전쟁: 낯선 사진 찍기를 고집하는 학생들과의 충돌 116

그냥 모든 것을 다해주는 나 117
저항하는 너 120
사진 교육이라는 이름의 폭력? 128

3. 휴전: 낯선 사진 찍기를 그냥 낯설게 두기 132

아는 것 없음을 인정하기 134
'너'의 사진, 그냥 낯설게 두기 137
낯선 사진의 잠재성에 대해 고민하는 나 140

4. 공존: 사이-존재로서의 비시각장애인 149

'볼' 줄만 알다가 '보는 것 너머'로 150
모순된 사진 문법 사용해 보기 153
'사이' 공간에서의 시각장애인 '지향' 사진 교육 160

제4장 사진 찍는 너를 보는 나를 보다 165

제5장 남은 이야기 175

시각장애 학교 사진 수업은 어떻게 시작되었나 176
이 사진 수업을 궁금해할 수밖에 없었던 이유 181
예술 기반 연구, 그림책 「사진 찍어 보다」 192
도움이 되었던 자료들 199

참고문헌 232

"『천 개의 고원』은 천 개의 면을 가진 보석이다…(중략)…누구든 이 책에서 자신에게 적합한 면을 찾아 즐길 수 있다. 물론 모든 부분이 쉽게 읽히는 것은 아니다. 그렇다고 낙담할 필요는 없다. 저자들은 애초에 책의 출입구를 여러 곳에 열어 놓았으니, 우선 자신이 발견한 입구로 들어가라…(중략)… 자기 고원을 찾게 될 것이다. 환희를 경험할 수 있을 것이다." (김재인, 2003, p. v)

들뢰즈와 가타리의 책 『천 개의 고원』을 번역자이시기도 한 김재인 선생님께 처음 강의 듣던 날이 생각난다. 당연히 첫 장부터 끝장까지 순서대로 책을 읽어야 한다고 생각하고 있었는데, 선생님은 이 책은 어디서든 읽기 시작해도 되며, 어떤 순서로 읽어도 된다고 말씀하셨다. 그 말을 함께 들었던 다른 수강자분들도 그 순간을 나처럼 강렬하게 기억하고 계실지 모르겠다. 놀랍게도 그날의 짧은 경험 이후 나는 아주 당연하게 해오던 방식을 의심해 보기도 하고, 정말 별것 아닌 것을 별것처럼 해보는 사람이 되었다. 그런 의심과 시도는 정말 아무 것도 아닌 채로 끝나기도 했지만, 가끔은 나의 오랜 상식이 흔들리고 균열이 생기고, 때론 완전히 부서지기도 했으며, 그 부서진 것들은 다시 이리저리 조합되어 아주 다른 것이 되기도 했다.

물론 이 책을 『천 개의 고원』에 견줄 수는 없지만, 내가 그 책을 통해 아주 다른 삶의 경험을 하게 되었던 것처럼 여러분도 비슷한 경험을 하실 수 있길 바라는 마음에서 서로 다른 출입구를 통해 이 책을 탐색해 보길 추천드린다.

순서대로 책을 읽지 않아도 된다는 말에 오히려 혼란스러울 분들을 위해, 어떤 다양한 방법으로 이 책을 읽을 수 있는지 몇 가지 옵션을 정리해 보았다. 하지만 이건 옵션일 뿐이다. 선택은 독자 여러분의 몫이다.

Option 1

사진 찍는 '너'는 누구인지, 그런 '너'를 보는 '나'는 무엇을 경험했는지 실제 사건이 궁금하신 분은 우선 3장부터 시작하시길 추천한다. 그리고 4장-1장-2장 순서로 책을 읽으면 전체 내용을 흥미있게 읽으실 수 있을 것 같다.

Option 2

'자문화기술지(Auto-Ethnography)라는 연구 방법을 사용했다는데, 그 방법이 무엇이며, 왜 저자는 그 연구법을 사용하게 되었는지 궁금하신 분, 그리고 조금 더 이 책의 배경이 되는 이론들을 먼저 이해하고 싶으신 분은 2장부터 시작하시길.

Option 3

저자가 이 책을 쓰는 데 도움을 받은 분들과 자료들은 무엇일까 궁금하신 분은 맨 마지막 장인 5장부터 읽으셔도 좋겠다. 미리 소개된 논문이나 책 그리고 영화 등을 미리 보고 이 책을 다시 읽는다면 이 책의 내용을 두세 배 풍성하게 즐기실 수 있을 것이다.

Option 4

일단 저자가 구성한 순서대로 일단 읽어보겠다는 분은 1장부터 순서대로 읽으시면 된다. '이렇게 읽어도 되나?' 고민하실 필요 없다. 여러분의 선택은 언제나 옳다!

〈일러두기〉

1. 이 책의 내용은 '미술과 교육' 학술지 23집 1호에 실린 저자의 논문(2022) 〈시각장애 학교 사진 수업 참여 경험에 관한 자문화기술지: '볼' 줄만 아는 이가 '볼' 줄만 모르는 이에게 사진 배우기〉를 한국국제미술교육학회의 사용 허락을 받아 수정 및 보완하여 출판하였습니다.
2. 책 제목은 『 』, 학술 논문 제목은 〈 〉로 묶었습니다.
3. 수록된 책 이미지는 출판사의 사용 허락을 받았습니다.
4. 등장 인물의 이름은 가명입니다.

제1장 오만과 의심 가득한 시작

제1장 오만과 의심 가득한 시작

소설 대성당

 나는 레이먼드 카버(Raymond Carver, 1938~1988)의 단편 소설 『대성당』(2014)을 상당히 길게 소개하며 이 책을 시작하려 한다. 이런 시작이 좀 이상하다고 여길 수도 있겠지만, 내가 이 책을 쓰게 된 이유를 보여주는데, 이보다 더 좋은 방법은 없을 것 같다.

소설 『대성당』은 시각장애인 로버트가 '나'의 집을 방문하면서 벌어지는 이야기다. 로버트는 아내와 오래전부터 잘 알고 지내던 친구. 어느 날 아내가 그를 집으로 초대하고 이것은 '나'에게는 시각장애인과의 첫 만남이다. 저녁 식사 후 아내가 잠시 자리를 비운 사이, '나'는 거실에 로버트와 단둘이 남겨지게 되는데…아내의 오랜 친구라고는 하지만 그에 대해 아는 것이 거의 없던 '나'에게, 함께 남겨진 손님이 시각장애인이라는 사실은 마음을 불편하게 만든다. 영화에서 본 시각장애인 말고는 개인적으로 그들과 단 한 번도 직접 만나본 적 없는 '나'는 로버트와 도대체 무슨 대화를 나누어야 할지 몰라 긴장한다.

　때마침 TV에서 대성당을 소개하는 프로그램이 나오고, 앞을 볼 수 없는 이 낯선 손님에게 대성당이 어떻게 생겼는지 설명해 주려 하지만, '나'는 시각장애인에게 어떻게 내가 '본' 대성당의 모습을 설명해야 할지 몰라 난관에 봉착하게 된다.

　그런데 놀랍게도 이 상황에서 아무것도 할 수 없을 것 같던 시각장애인 로버트가 오히려 침착하게 '나'를 리드하기 시작한다. 두꺼운 종이와 펜을 요청한 로버트. 조금 후 그는 펜을 쥔 '나'의 손 위에 자신의 손을 자연스럽게 올리고 '볼'

줄 아는 '나'에게 눈을 감고 대성당을 그려보라고 한다.

그러자 '바라봄'의 행위에서 내가 주도권을 가지는 게 당연해 보였던 상황은 놀랍게도 역전된다! '나'는 눈을 감고 이전에 단 한 번도 그려본 적 없는 그림을 그의 손을 태우고 함께 그린다. 다 완성된 것 같다며 그림을 확인하라는 로버트. 그러나 '나'는 눈을 감고 그대로 있기로 한다. 이 놀라운 느낌을 음미하고 있는 내게 로버트는 묻는다. 보고 있냐고.

"보고 있나?"라니!

놀랍게도 소설 『대성당』은 이렇게 아무것도 '볼' 수 없다고 여겨지는 시각장애인이 오히려 '볼' 줄 아는 비시각장애인에게 그가 지금까지 몰랐던 '무언가를 새롭게 볼 수 있는 방법'을 체험하게 하면서 끝난다. 소설은 독자들에게 눈으로 볼 수 있다고 해서, 모든 것을 잘 볼 수 있는 것이 아니며, 시각장애인들은 비시각장애인들이 알 수 없는 방법들로 계속 무언가를 보고 있을 수도 있다는 점을 생각해 보게 한다. 이렇게 시각장애인 손님, 로버트로부터 '새롭게 보는 법'을 배운 주인공은 소설이 끝날 때까지 눈을 뜨지 않는다. 눈으로만 보는 현실로 성급하게 돌아오려고도 하지 않는다. 왜일까? 과연 그가 만난 놀라운 세계는 무엇이었을까?

이러한 소설 결말에 놀라움과 설렘 그리고 따뜻함을 느끼면서 우리는 '소설이니까 가능한 이야기!'라고 생각하지 않을까? 시각장애인으로부터 새롭게 보는 법을 배운다는 게 가당치 않아 보.이.기. 때문이다. 그런데 바로 그런 가능할 것 같지 않은 경험을 누군가 진짜 했다면?

제1장 오만과 의심 가득한 시작

사진 그리고 시각장애인

지금부터 소개되는 이야기는 소설 『대성당』의 주인공처럼 시각장애인으로부터 내가 배운 어떤 '새롭게 보는 법'에 대한 이야기다. 그 사건은 바로 '바라봄'이 필수적으로 요구되는 사진을 시각장애학생들에게 가르치는 상황에서 발생했다. 그 과정에서 놀랍게도 비시각장애인인 나를 중심으로 진행될 거라 생각했던 사진수업의 주도권이 역전되는 순간을 경험하게 되었다.

사진은 절대적으로 '바라봄'의 행위가 요구되는 시각예술의 한 분야이다. 다른 모든 시각표현 예술이 창작자의 '시각 능력'을 필요로 하지만, 사진은 특히 더 그렇다. 사진은 유일하게 작품을 제작함에 있어 상상이 통하지 않는 예술이라고 알려져 있는데, 그 이유는 사진을 찍는 표현 주체가 정작 사진이미지를 생성하는데 직접적으로 관여할 수 없기 때문이다.

사진이미지를 만드는 과정에서 표현 주체가 직접 할 수 있는 것은 무언가를 목격하고, 마음으로 결정하고, 손으로 사진기의 셔터를 누르는 순간까지다. 이후 사진은 사진기라는 기계를 통해 자동적으로 생성된다. 따라서 주체가 원하는 사진이미지를 만들기 위해서는 셔터를 누르기 전까지 최대한 자신이 원하는 조건을 충족시킬 수 있는 구체적인 대상을 찾아 선택하는 것이 무엇보다 중요하다. 즉 사진을 창작하는 주체가 유일하게 직접 관여할 수 있는 것은 피사체, 즉 구체적 사물이나 장면의 선택까지이다. 때문에 사진 표현에서 그 선택을 가능하게 하는 '보는 능력'은 가장 중요하고도 필수적이다!

어느 날. 나는, 이렇게 '바라봄'의 행위가 필수적으로 요구되는 사진을 시각장애 학생들에게 가르친다는 맹학교 사진 수업에 대한 이야기를 지인으로부터 전해 듣게 되었고, 너무나도 신기한 마음에 학생들을 돕고 싶다(?)며 즉시 보조교사를 신청했다.

당시의 나는 미술교육을 전공한 연구자였고 사진 교육에도 물론 관심이 없는 것은 아니었지만, 특별히 사진을 전공하거나 전문적으로 사진 작업을 하는 작가는 아니었다. 그리고 무엇보다도 시각장애인을 가르쳐본 경험은 전혀 없는 상태였다. 하지만, 보통의 시력을 가지고 있었고, 일상생활에서 아무 문제 없이 사진을 찍을 수 있다는 생각 때문이었을까? 시각장애 학생들을 돕는 교사로서 나 자신이 부족할 수도 있을 것이라는 생각은 전혀 하지 않았다. 그뿐만 아니라 내 주변의 어떤 사람도 나의 준비됨이나 자격에 대해 의심하지도 걱정하지도 묻지도 않았다.

그렇게 나는 아주 자연스럽게 그리고 쉽게 시각장애 학생들을 대상으로 하는 사진 수업의 보조 교사가 될 수 있었다. 보조 교사가 된 후 시각장애 학생과 나와의 관계에서 사진 수업에서의 주도권은 당연히 나에게 있다고 생각했다. 보조 교사라도 '교사'이지 않은가? 거기다가 난 앞을 볼 수 있는 비시각장애인이었으니 말이다.

이렇게 절대적으로 '바라봄'의 행위가 요구되는 사진을 시각 능력이 손상 혹은 상실된 이들에게 가르쳐야 하는 상황이 생긴다면, 비시각장애인들은 오로지 '볼' 수 있는 능력이 있다는 이유로 당연하게 가르침의 '주도권'을 가져도 되는 것일까? 나는 아주 자연스럽게 그렇다고 생각했고 그렇게 행동했다.

하지만 막상 앞을 보지 못하는 학생들에게 사진을 가르쳐야 하는 상황에선 그저 모든 것이 막막하기만 했다. 앞서 소개했던 소설 『대성당』에서 주인공이 TV에서 본 대성당의 모습을 시각장애인 친구에게 어떻게 설명해야 할지 몰라 난관에 부딪혔던 것보다 더욱 막연했다. 앞을 제대로 볼 수 없는 학생들에게 사진 찍는 법을 어떻게 가르칠 수 있는지 나는 전혀 알지 못했기 때문이다. 시각장애 학생들과 직접 마주하고 나서야 이 사진 수업에서 나의 '교사로서의 권위'라든가 '가르침의 주도권'이 단순히 '사진을 찍을 대상을 눈으로 찾을 수 있고 없고'의 차이로부터 비롯될 수 없음을 어렴풋이 깨닫기 시작했다.

나의 '주도권'은 매 수업 마다 위기를 맞아 흔들렸다. 그걸 지키려고 말도 안 되는 고집을 부려보았지만, 나중에는 그게 오히려 나와 학생들을 힘들게 만들기도 했다. 그런 과정을 겪으며 한참이 지나서야 처음으로 '내가 이들에게 사진을 가르칠 자격이 정말 있나?' 하는 질문을 하게 되었다. 그리고 이 질문 외에도 더 많은 질문들을 스스로에게 꼭 물었어야 했다는 것도 깨닫게 되었다. 보조 교사든 뭐가 되었든 이 시각장애 학교 사진 수업에 오기로 마음을 먹었다면 다음의 질문들에 대한 답을 찾으려고 나는 최대한 노력해야 했다. 하지만 무슨 자신감이었을까? 솔직히 나는 아래의 질문 중 단 하나도 진지하게 묻지 않았다.

- 시각 능력이 필수적으로 요구되는 사진을 과연 시각장애인들에게 가르칠 수 있을까?
- 가르칠 수 있다면, 과연 어떤 방식으로 가능할까?
- 시각장애인에게 적합할 것이라고 비시각장애인들이 판단한 '사진 찍는 법'은 정말 시각장애인에게 적절하고 효과적일까?
- 시각 능력에 의존하지 않은 상태에서 생성된 사진을 과연 '사진'으로 인정할 수 있을까?
- 시각 능력에 의존하지 않은 상태에서 무언가가 사진에 찍혔다면 사진 속 피사체는 의도를 가지고 선택된 것이라기보다 우연 혹은 실수로 찍힌 것으로 보아야 하지 않을까?
- 시각장애인이 찍은 사진을 비시각장애인은 어떻게 이해해야 할까? 그들의 사진을 비시각장애인이 이해한다는 게 과연 가능하기는 할까?
- 시각장애인을 대상으로 한 사진 수업에서 비시각장애인

교사는 과연 어떤 경험을 하게 될까? 이 사진 수업에서 비시각장애인 교사도 소설 『대성당』 주인공처럼 오히려 시각장애인으로부터 지금까지 경험해 보지 못한 방식으로 '사진 찍는 법'을 배우는 일이 일어날 수 있을까?

- 만약 그런 '가르침의 역전 현상'이 일어난다면, 그렇게 새롭게 알게 된 사진 세계는 이전까지 비시각장애인들이 알고 있던 사진 세계와 무엇이 다를까?

이 책은 비시각장애인 보조 교사로 시각장애 학교 사진 수업에 참여했던 한 미술교육 연구자의 안일함과 오만함에 대한 반성을 담고 있다. 그리고 바라봄이 필수적으로 요구되는 사진을 배우는 시각장애 학생과 비시각장애 교사 사이에 절대 가능할 것 같지 않은 '가르침의 역전 현상'이 어떻게 일어났는지 그리고 그 경험을 통해 내가 시각장애 학생들로부터 사진에 대해 새롭게 배운 것은 무엇인지 이야기 해보려한다.

과연 내가 시각장애 학교 사진 수업에서 경험한 낯선 사진 세계는 무엇이었을까?

제1장 오만과 의심 가득한 시작

계속되는 의심

나는 현재 서울 지역에 있는 한 사립대학교 사범대에서 학생(예비 미술 교사)을 가르치고 있다. 그리고 아동과 청소년 미술 표현 활동에 특히 관심을 두고 있는 연구자로서 다양한 연구를 진행해왔는데, 2014년부터는 아동과 청소년들이 찍은 사진에 흥미가 생겨 사진 표현의 발달적 특성 분석과 효과적인 사진 교육 방안을 마련하기 위한 연구를 본격적으로 시작했다.

그러던 중 2017년 5월 우연히 한 맹학교에서 운영되고 있는 사진 수업에 대해 알게 되었다. 마침, 개인적으로 관심을 기울이고 있던 연구 주제인 '사진 교육'과 관련이 있었고, 시각장애 미술 교육의 의미나 가치가 적극적으로 연구되고 알려지길 원하는 분들의 요구도 있어 나의 참여는 생각보다 빨리 그리고 쉽게 이루어졌다. 시각장애 학생 대상 사진 수업의 보조 교사가 되어 아주 가까이에서 시각장애인들이 사진을 배우고 찍는 것을 관찰할 기회를 얻게 된 것이다.

이것은 개인적으로 시각장애인들과의 첫 만남이었다. 당시의 나는 소설 『대성당』의 주인공만큼이나 시각장애인들에 대해 아는 것이 없었다. 그래서인지 보조 교사를 시작한 이후로 상당 기간 동안 학생들과 어떻게 소통해야 할지 몰라 몹시 어색했고, 너무나도 낯선 분위기와 상황에 약간의 두려움까지도 느꼈다.

어색함과 두려움보다 더 큰 문제는 이 사진 수업에 자체에 대한 '의심'이었다. 시각장애 학생들에게 사진을 가르치는 수업에 대한 놀라움과 궁금함이 너무 커서 처음에는 심각하게 의식하지 못했지만, 사실 마음 한구석에는 늘 이 사진 수업에 대한 의심이 자리하고 있었던 것 같다. 사진 수업에 참여한 지 오래지 않아 불쑥 의심이 들솟기 시작했는데,

그 의심은 새로 생겨났다기보다 원래부터 내 안에 아주 오래 전부터 있던 것이었다. 수업이 진행될수록 내게는 의심을 풀 수 있는 상황보다 의심이 깊어질 만한 상황들이 더 자주 일어났고, 그래서 혼란스럽기 그지없었다.

'솔직히 시각장애인이 사진을 배워도 제대로 찍는다는 건 사실 불가능하지…'
'아무리 그래도 이건 아닌 것 같은데?'

보조 교사를 하면서 목격한 시각장애 학생들의 사진은 내가 알고 있던 사진들과 너무나도 달랐다. 아무것도 찍힌 게 없기도 했고, 아무거나 찍힌 것 같기도 했다. 그래서 나는 그들의 사진을 잘못 찍은 사진, 의미 없는 사진 그래서 가치 없는 사진으로 해석하기 일쑤였다. 그런 생각은 쉽게 바꿀 수도 없었고, 쉽게 바뀌지도 않았고 오히려 점점 단단해져 갔다. 사실 학생들에게 상처를 줄까 봐 애써 내색은 안 했지만 시각장애 학교 사진 수업에 보조 교사로 참여한 2년여의 기간 동안 내내 이런 사진수업이 의미가 있는가 의심했다.

나에게 사진은 절대적으로 "눈의 미학이고 눈의 예술이고, 눈이 그 시작과 끝을 규정하는 시각예술의 총체"(진동선, 2013, p. 23)라는 믿음이 강했고, 그 때문에 의심을 거두기 힘들었던 것 같다. 하지만 내가 가지고 있던 사진에 대한 이해와 믿음, 그리고 그로 인한 의심은 전적으로 개인적인 잘못만은 아니라고 생각한다. 시각장애인들의 '바라봄'을 전제로 하지 않는 사진 찍기를 긍정적으로 보고, 나름대로 의미 있는 방식의 사진 찍기라고 인정할 수 있는 비시각장애인이 과연 몇 명이나 될까?

당시 아동들의 사진표현 발달을 연구하고 있었기 때문에 연구를 위해 단기간 사진 강의를 수강하기도 했고, 사진 이론서와 논문들도 상당량을 읽은 상태였다. 하지만 내가 참고한 사진 관련 자료 중에 '보는 행위'가 불가능하거나 제대로 이루어지기 힘든 상태에서 만들어진 사진을 진지하게 논하는 자료는 거의 없었다. 오히려 대부분의 자료는 유명한 사진작가들이나 사진 이론가들의 주장을 근거로 사진기의 사용으로 얼마나 인간의 '보는 능력'을 확장되었는지 강조하거나[1], 사진의 역사는 결국 '사진적 시각의 확상'이라며 다른 어떤 시각예술 매체들보다도 사진이 전적으로 보는 행위가

---

1) 사진을 찍는 '결정적 순간'의 중요성을 강조한 세계적 사진작가 앙리 카르티에-브레송(Henri Cartier-Bresson)은 1932년 라이카 사진기를 산 뒤 자신의 눈이 연장되었다는 표현을 남겼으며, 모던 포토그라피(Modern Photography) 운동을 벌인 혁신적인 사진작가 라즐로 모홀리-나기(Laszlo Moholy-Nagy)도 사진은 인간의 육안을 뛰어넘는 새로운 시각 세계를 열어줄 수 있다고 했다(한정식, 2007).

중심이 되는 예술임을 거듭 확인시켜 주었다.

  나는 앞을 볼 수 있는 비시각장애인이었고 비시각장애인 사회에서 시각 중심 사진 문화를 경험하며 성장했기 때문에 이런 '바라봄'을 통해 생성되는 사진을 '정상적인 사진'으로 자연스럽게 받아들이고 내면화했을 것이다. 일상에서 시각을 중심으로 생산된 사진 작품들을 지속적으로 경험했을 것이며, 나 자신도 비슷한 방식으로 사진을 찍으면서 무의식적으로 '보는 문제'가 사진 작업의 핵심 중의 핵심이라는 믿음이 굳어졌을 것이다. 이런 선경험과 선지식의 결과로 정확히[2] '볼' 수 없는 사람들에게 사진을 가르치는 것에 대해 여러모로 의심할 수밖에 없는 상태가 된 건 아닐까?

  이렇게 시각장애인들이 찍은 사진에 대한 의심은 굉장히 자연스럽게 생겨난 것이었으며 떨쳐버리기엔 너무 강력했다. 보통의 의지로 멈출 수 없는 것이기도 했다.

---

2) 여기서 '정확히'라는 표현을 썼지만, '정확한 보기'란 비시각장애인들의 오만한 자기중심의 표현일 수도 있다. 비시각장애인이라고 해도 어떤 의미에서는 조금씩의 왜곡된 시각과 부족한 시각 능력 그리고 지각하지 못한 수많은 시각 장애를 겪고 있으며, 앞으로 반드시 시각 장애를 겪게 될 사람들이기도 하기 때문이다.

제1장 오만과 의심 가득한 시작

궁금한 경계 너머

'시각 중심으로 이루어지는 사진 세계'

내 세계 속에는 그런 사진만 존재했다. 내게는 '바라봄'이 필연적으로 전제되지 않는 다른 차원의 사진 세계는 아예 존재하지 않았기에 상상 자체도 불가능했다. 혹시라도 다른 차원의 사진 세계를 인식하고 있었다면 당연히 알 수도 있었던 사진 세계들 간의 차이나 그로 인해 만들어질 '경계'도 감지할 수 없었다. 그러니 내게 익숙한 사진 세계의 '경계 너머'

를 궁금해하는 일도 그 '경계'를 넘어가 보려는 시도 역시 당연히 일어날 리 없었다. 어떻게 존재하지 않는 사진 세계를 궁금해하고, 그곳으로 넘어가 볼 시도를 해본단 말인가! 그것은 절대 저절로 일어날 수 없는 일이었다. 그런데 시각장애 학교 사진 수업에 보조 교사로 참여하면서 나는, 그동안 내가 알고 있던 사진 세계가 흔들리고, 그 세계의 끝까지 강제로 밀어붙여지는 경험을 하게 되었다! 그때야 내가 알던 사진 세계도 끝이 있음을, 그리고 내가 밀리고 밀려난 그곳이 '경계'일 수 있음을 처음 알았다. 그 경계 너머에 다른 차원의 사진 세계가 있어야만 가능할 것 같은 사진들 때문이었다.

찍었다는 대상이 찍히지 않은 사진들.
도무지 무엇을 찍은 것인지 알 수 없는 사진들.
왜 그렇게 사진을 찍는지 이해가 되지 않는 방식들.

'이해하기 어렵다'와 '절대 이해할 수 없다'는 완전히 다른 의미다. 난 시각장애 학교에서 이전에 가졌던 경험과 지식으로는 도저히 이해할 수 없는 사진들과 갑자기 맞닥뜨리게 되었다. 나는 그곳에서 '절대 이해 불가의 영역'에 있는 사진을 찍는 시각장애 학생들을 처음 보게 되었는데, 그것은 여러 의미로 상당히 충격적이었다. 처음에는 그냥 그런 사진을 찍는 학생들이 '귀엽다'거나 '웃기다'고 생각했고, 나중엔 대수롭지 않게 '사진을 계속 잘못 찍네? 고쳐 주어야지!' 생각하고 실제로 계속 그리고 열심히 고쳐주려고 했다. 하지만, 이해할 수 없는 사진을 목격하는 일이 반복되면서 '이 학생들이 내가 이해할 수 없는 사진을 찍는 것이 문제인 건가? 아니면 내가 이 학생들의 사진을 이해하지 못하는 상황을 문제로 보아야 하는 건가?' 혼란스러웠다. 그러면서 기존에 가지고 있던 사진에 대한 내 생각에 조금씩 균열이 생기기 시작했다. 그런 변화는 내가 지금껏 알고 있던 사진 세계의 끝, 경계로 밀쳐짐으로써 비로소 시작된 것이었다.

'내가 지금은 전혀 이해할 수 없고, 인정할 수도 없지만, 그 아이들이 찍은 사진도 어떤 의미나 가치를 지니고 있을 수 있는 걸까?'

'만약 그렇다면 지금은 절대 이해할 수 없는 그 아이들의 사진을 이해할 방법이 있기는 한 걸까? 어떻게?'

시각장애 학교 사진 수업에서의 경험은 내게 이런 질문을 처음으로 떠올리게 했다. 하지만 그런 궁금함을 해결하기 위한 시도는 쉽게 바로 시작될 수 없었다. 궁금했지만, 궁금함의 실체는 어렴풋했고, 어디서 어떻게 답을 찾을 건지 연구 계획을 세우기 힘들었다. 앞서 말했듯 시각장애 학생들과 사진을 찍으며 내 마음속과 머릿속은 그야말로 혼란 그 자체였고, 마음속 의심과 불신은 쉽게 떨쳐버릴 수 없었다. 연구자로서도 막상 이 사진 찍기의 의미를 정말 발견할 수 있을지 자신할 수 없으니, 연구를 어떻게 시작해야 할지 방향을 잡을 수도 없었다.

제1장 오만과 의심 가득한 시작

욕심

솔직히 내가 이 사진 수업의 보조 교사를 하겠다고 지원했던 이유는 앞서 말한 내 직업과 무관하지 않다. 당시(물론 현재까지도) 나는 사범대에서 예비 미술 교사늘을 가르치고 있는 연구자로, 한창 아동들의 '사진 표현 발달' 연구에 공을 들이고 있었다. 그런 내게 시각장애 학교 사진 수업에 참여할 수 있게 된다는 것은 연구자로서 사실 그냥 지나칠 수 없는 좋은 기회였다.

연구자들은 언제나 연구할 대상이나 상황에 목말라한다. 나 역시 그랬다. 보조 교사를 희망했던 것은 이 특별한 미술 교육 현장에서 참여 연구자로서 시각장애인 학습자들을 대상으로 이루어지는 사진 교육 과정이나 결과물을 가까이에서 관찰할 기회를 얻을 수 있었기 때문이다. 연구자로서 연구 현장에 접근할 수 있는 기회를 가질 수 있는 것, 그것은 매우 어려우면서도 가장 중요한 일이다.

보조 교사로 이 사진 수업에 참여할 수만 있다면 그동안 연구가 거의 이루어지지 않은 연구 분야를 개척할 수도 있겠다는 생각에 솔직히 약간의 흥분과 기대를 하고 있었다. 비시각장애인들에게는 신기한 '타자'인 시각장애인 대상 사진 수업 사례를 소개하는 것만으로도 의미 있는 연구일 텐데 덤으로 학계의 주목을 받을 수도 있었기 때문이다. 또한 수업 참여관찰 경험을 바탕으로 연구를 더 이어가다 보면 지금보다 나은 시각장애 학생 대상 사진 수업을 개발하는 것도 가능할 것 같아 더욱 욕심이 났다.

앞서 언급했듯 시각장애 학교 사진 수업에 대한 이야기를 듣기 몇 년 전부터 나는 이미 아동들의 사진표현 발달에 관심을 가지고 다양한 연구를 진행해 오고 있었다. 아동미술은 주로 아동화로 대표되는 평면 표현 발달에 관한 연구가 주를 이루기 때문에 내가 사진표현 발달 관련 연구를 수행하고 논문들을 발표하기 시작하자 독특한 연구를 한다며 주변에 긍정적인 반응이 많았다. 이런 분위기 속에서 만약 시각장애 학생들 대상 사진 수업에 대해 연구를 하게 된다면 미술교육 분야, 특히 사진 교육 관련 연구를 하는 교육 전문가로 나의 입지는 한층 단단해질 것이 분명했다. 하지만 내가 했던 이전의 연구들은 모두 내가 익숙한 사진 세계의 '경계 안'에서만 이루어졌으며, 연구의 참여자들 역시 모두 비시각장애인이었고, 시각 중심으로 제작된 사진들만 수집되고 분석되었다. 나는 사진 교육에 관심이 아주 많은 미술교육자이자 연구자이긴 했지만, 솔직히 시각장애 학교 사진 수업이나 시각장애 학생들이 찍은 사진을 연구할 준비는 부족했으며, 무엇보다 구체적으로 무엇을 연구할 수 있을지 감도 잡지 못한 상태였다.

'일단 현장에 가기만 하면 연구 할 거리(?)를 찾는 것은 전혀 어렵지 않을 거야!'

이런 자신감으로 보조 교사로서 참여 허락이 떨어지자마자 바로 사진 수업에 합류했다. 스스로 '참여 연구자로서 보조 교사 역할을 하는 것'이라며 나 자신에게 대단한 의미를 부여하면서. 하지만 실상은 이 수업과 관련하여 어떤 경험도 없는 초짜 보조 교사일 뿐이었다.

수업에 참여한 첫날, 이 낯선 교육 현장에서의 연구가 내가 생각했던 것처럼 순탄하게 이루어질 수 없을 것 같다는 불안감을 바로 직면했다. 당시 그 수업에서 관찰한 모든 것들이 내가 이전에 경험하고 알고 있던 것으로 도저히 설명되지 않았기 때문이다. 절대 이해할 수 없는 대상을 연구한다는 것은 아이러니 그 자체였다. 결국 연구의 방향을 바꾸어야만 했다.

시각장애 학생들과 그들의 사진찍기를 비시각장애인인 내가 이해하는 데 분명한 한계가 존재한다면? 그 현장에서 내가 이해할 수 있는 것은 오직 '나 자신' 뿐인 상황이라면? 결국 그들 옆에서 그들의 사진찍기를 관찰하며 내가 시각장애 학생들의 사진을 대하는 태도, 느낌과 생각 그리고 그 과정에서 나에게 일어난 혼란과 변화만이 내가 접근할 수 있고 그 기저에 깔린 의미 이해가 가능한 것이었다. 막다른 사진 세계의 경계 앞에 서서 그동안 한 번도 의심하거나 궁금해하지 않던, '내가 자연스럽게 취하고 있던 사진과 연관된 문화는 무엇인지' 연구하고 나의 사진 세계가 가지고 있는 한계를 명확하게 인지할 수 있다면 그때야 비로소 기존 사진 세계 경계 밖으로 넘어가야 할 이유를 찾을 수 있을 것 같았다. 그렇다면 나의 연구는 시각장애 학생들이 무엇을 어떻게 사진을 찍는지, 혹은 그들이 찍은 사진의 의미가 무엇인지를 탐구하고 이해하려는 것이 아닌 그런 과정에 있는 '나'에 대한 연구여야만 했다.

제 2 장 자문화기술지 (Auto-Ethnography)

제 2 장 자문화기술지

비시각장애인 연구자의 자기 탐구

모든 연구는 연구의 목적을 달성하기 위한 적절한 연구 방법의 선택이 중요하다. 앞서 이 책에서 소개하려는 나의 연구가 시각장애 학생들과 그들이 찍는 사진을 직접 향하고 있지 않음을 언급했었다. 이제 연구의 최종 목적은 시각장애 학생들과 상호작용하는 과정에서 보조 교사이자 연구자인 '나 자신'에게 일어나는 모든 것을 탐구하는 것으로 바뀐 것이다. 이 새로운 연구 목적에는 내게 특정한 방식으로 사진을 경험하고 이해하도록 만든, 너무나 익숙해서 마치 공기처럼 향유하고 있던 '나의 사진 문화'를 다시 살펴보는 것도 포함되어 있었다. 때문에 이런 연구를 가능하게 도와줄 연구 방법의 선택이 중요했는데 그렇게 선택한 연구 방법이 바로 '자문화 기술지(Auto-Ethnography)이다. 자기 탐구를 통해 내가 어떤 '문화' 속에서 살아왔으며, 어떻게 그 문화를 내면화했는지 그리고 자연스럽게 내면화된 '문화'는 내게 어떤 영향을 미치고 있는지 '기술'하기 위한 연구 방법이었다.

2장에서는 내게는 너무나 낯선 '타자'였던 시각장애 학생들의 사진 연구 이전에, 반드시 먼저 탐구해야만 했던 나 자신에 대한 이해를 위해 사용된 연구 방법의 특징과 연구가 진행된 과정을 간략하게 소개하고자 한다. 이 책을 읽는 모든 독자가 이 내용에 관심이 있지는 않을 것으로 생각하기에 자문화기술지를 연구 방법으로 선택한 이유에 대해 궁금하신 분이 아니라면 2장을 건너뛰고 3장을 먼저 읽으시길 제안해 드리고 싶다. 3장부터는 연구 결과를 기술한 것이라 느껴지지 않을 만큼 연구자가 시각장애 학생들과 사진을 찍으며 어떤 경험을 했고, 그 과정에서 깨달은 바는 무엇인지 생생하게 전달하는 내용을 만날 수 있기 때문이다. 이것이 자문화기술지 연구물의 특징이기도 하다. 이번 2장에서는 내가 시각장애 학생들의 사진표현을 이해하기 위해 선택할 수밖에 없었던 연구 방법과 연구 진행 과정에 대해 좀 지루할 수도 있겠지만 가능한 한 자세하게 내용을 소개하려고 한다.

제 2 장 자문화기술지

자문화기술지?

　자문화기술지는 연구자가 자신의 자전적 경험 즉 자신의 내러티브를 사회과학 연구에 활용하는 질적연구방법이다. 연구자가 타인이 아닌 자신을 연구 대상으로 삼고, 자기의 삶을 직접 성찰하고, 이를 직접 기술한다는 점에서 자문화기술지는 일반적으로 사용하는 질적 연구방법과도 차별된다. 'Auto'와 'Ethnography'가 합성된 '자문화기술지(Autoethnography)'는 연구자가 '자신'이 경험한 사실에 대해

'문화기술' 함으로써 이해와 해석을 끌어내는 연구 방법이기 때문에 자문화기술지를 사용하는 연구자는 일인칭 주인공 또는 일인칭 관찰자 시점에서 자신의 경험에 관해 기술한다.

감성적이고 매우 사적인 글쓰기 방식이 사용되기 때문에, 연구 결과물에 연구자의 '자기 드러냄'이 특히 두드러진다. 하지만 반드시 기억해 두어야 할 점이 있는데, 그것은 자문화기술지 연구가 연구자 자신을 탐구 대상으로 하지만, 단순히 개인을 탐구하려는 것이 아니라 연구의 초점은 분명히 무엇보다도 '문화'에 맞추어져 있다는 것이다.

제2장 자문화기술지

한 개인을 연구하는 연구도 연구!

전통적인 사회과학 분야에서는 '한 개인의 경험'을 기록하고 탐구하는 것을 '비과학적' 혹은 '주관적'이라고 여겼다. 이성주의 시대에 탐구 활동은 절대 변하지 않는, 누구도 의심할 수 없는 진리로서 법칙을 발견하려는 것이었으므로 엄밀하고도 객관적인 탐구 과정이 필수적으로 요구되었다. 이와 같은 전통적인 연구들은 실증주의 패러다임을 바탕으로 인간에 대한 보편적 특성을 이해하기 위해 가능한 한 많은 자료를 수집하는데, 인간의 경험을 객관화, 보편화하기 위해서는 가능한 많은 연구 대상자가 필요하다는 생각 때문이다. 따라서 이런 연구에 관한 전통적인 관점으로 인해 오랫동안 집단이 아닌 한 개인을 연구하는 것에 대해 부정적인 시각이 존재했다. 사실 지금도 여전히 의문을 품는 사람들이 많다. 연구자뿐만 아니라 대중들도 한 명의 개인을 탐구한 연구물에 대해 신뢰성과 타당성이 떨어진다고 생각한다.

하지만 포스트모던 시대에 접어들게 되면서 '개인'을 바라보는 관점에 상당한 변화가 이루어졌으며, 그로 인해 '한 개인'과 '자아'에 대한 성찰적, 해석적 탐구에 대한 신뢰성과 타당성이 확보되기 시작했다. 꼭 많은 사례를 수집하여 객관성과 탈맥락성을 확보하고 일반화를 추구하여야만 인간의 경험을 심층적으로 이해할 수 있는 것은 아니라는 주장이 힘을 얻게 된 것이다. 이렇게 후자의 관점을 지지하는 연구자들은 아무리 맥락의 영향을 받지 않도록 연구 과정을 통제하더라도 완벽하게 객관적인 연구를 수행하는 것이 불가능하다고 여긴다. 그래서 이들은 더 나아가 정도의 차이가 있을 뿐 모든 연구는 주관적이라는 태도를 보이기도 한다. 특히 인간을 대상으로 한 연구는 오히려 주관적, 맥락적이어야 더욱 효과적일 수 있다고까지 주장한다. 이렇듯 포스트모더니

즘의 도래와 함께 '주관성'이 학문적 차원에서 이해와 수용의 대상이 되면서 '한 개인의 삶'에 대한 연구도 사회과학 연구 분야에서 중요한 연구 대상으로 부상할 수 있게 되었다.

그렇기 때문에 이제 한 개인을 연구하는 것이 단순히 한 개인의 삶만을 다루는 것이 아니라 필연적으로 그 개인이 살고 있는 사회와 문화 그리고 그가 속한 공간에 대한 해석이 함께 이루어지는 작업임이 분명해진다. 이런 관점을 수용하면서 이번 연구 역시 단순히 시각장애 학교 사진 수업을 참여한 한 개인의 경험을 탐구하는 것이 아니라, 나의 경험을 통해 우리 사회에 어떤 사진 문화가 전수되고 있으며, 시각장애인의 사진 작업을 바라보는 비시각장애인들의 문화는 무엇인지를 보여줄 수 있는 의미 있는 시도라는 확신을 가질 수 있었다. 남은 문제는 '연구자가 자기 자신을 연구해도 될까?' 하는 것이었다.

제 2 장 자문화기술지

자기를 연구해도 될까?

최근 변화된 연구 패러다임 속에서 개별 자아에 관한 연구가 사회문화를 심층적으로 이해하는 데 도움이 될 수 있다는 주장들이 점점 힘을 얻어 가고 있지만, 그런데도 연구자가 자기 자신을 탐구하는 것이 연구 방법으로 타당한가의 논의는 또 다른 차원의 문제이다. 사실 연구자와 연구 대상 간에 객관적인 거리를 유지해야 한다는 것은 너무나 오랫동안 유지되어 온 연구 조건이었기에 연구자가 자신을 탐구하는 방식은 '너무 주관적이다'라는 평가를 받을 수 있기 때문이다. 즉 한 개인의 경험을 연구하더라도 그것은 암묵적으로 타인의 경험이어야 한다는 생각이 지배적이었다. 이런 분위기 속에서 한 개인으로서 연구자가 자신을 연구하는 행위는 연구자와 연구 대상 사이의 객관적인 거리 유지가 가장 불가능해 보이는 연구였고, 그러므로 전통적인 사회과학 연구 분야에서 상당히 오랫동안 부정적 인식이 존재했다.

하지만 이렇듯 비이성적이며 주관적이라는 비판을 받아왔던 연구자의 자아 탐구 방법인 '자문화기술지'는 이제 중요한 질적 연구 방법으로 그 가치를 인정받고 있으며 점점 자문화기술지를 사용한 연구들도 많이 발표되고 있다. 자문화기술지가 질적 연구 방법으로 결국 인정받을 수 있게 된 데에는 분명 이 연구 방법만의 장점이 존재하기 때문일 것이다.

질적 연구는 다양한 사회문화현상을 심층적으로 이해하기 위해 내부자의 목소리, 관점을 파악하려고 한다. 인간의 사회적 문화적 행위나 현상을 그 사회문화 구성원의 관점으로 이해할 때 가장 생생한 이해가 가능하다는 믿음이 기저에 깔려있기 때문이다. 따라서 내부자의 목소리나 관점을 이해하기 위해 연구자는 연구 참여자들을 심층 면접하고, 참여관찰을 하는 등 다양한 방법으로 자료를 수집하고 분석함으로써 가능한 그들의 삶을 제대로 재현해 보려고 한다. 하지만 어떤 노력을 기울인다고 해도 타자의 관점을 완벽히 이해하고 묘사하는 것에는 한계가 있을 수밖에 없다. '열 길 물속은 알아도 한 길 사람 속은 모른다.'라는 속담도 있지 않은가!

이로부터 시작된 질적 연구자들의 근본적인 고민, 즉 '타자의 관점을 완벽하게 이해하는 것이 불가능하다면 어떤 대안이 가능한가?'하는 질문은 연구자로 하여금 자신들이 '가장 잘 이해할 수 있고, 그 이해를 바탕으로 가장 잘 묘사할 수 있는 내부자의 관점은 과연 누구의 관점일까?'라는 새로운 질문을 하게 만들었다. 그리고 대안으로 찾은 대답 중 하나가 바로 연구자 '자신의 관점'이었다. 즉 내부자인 연구 참여자가 직접 연구자가 되는 자기 연구를 수행하게 된다면 연구자는 무엇을, 어떻게 써야 하는지 그리고 연구 참여자가 과연 무엇을 말하고 싶은지, 보다 분명히 파악할 수 있을 것이라는! 따라서 연구자가 자신에 관한 질적 탐구를 수행한다면 다른 어떤 질적 연구보다 내부자의 생각과 감정을 가장 잘 보여줄 수 있다는 점에 자문화기술지의 가치를 발견한 것이다. 이와 같은 일련의 고민과 성찰의 과정을 거쳐 타문화를 객관적으로 대변하려는 경향이 강했던 전통적 문화기술지 연구에서 최근 연구자의 자문화를 주관적으로 해석하려는 자문화기술지 연구가 등장하게 되었다.

제2장 자문화기술지

자서전이 아닌 '문화연구'입니다

  자문화기술지 연구 방법의 장점을 이해하고, 다른 연구 방법들과의 차이점을 분명히 인식하기 위해 이 연구 방법의 특징을 간략하게라도 정리해 보는 것이 필요할 것 같다. '자문화기술지'라는 연구 방법이 낯선 독자들께 도움이 될 수 있을 두 가지 특징을 골라 중점적으로 소개해 보겠다. 자문화기술지법을 사용한 연구의 첫 번째 특징은 연구자 자신을 연구 대상으로 삼지만 절대 '개인'에 대한 연구로 끝나는 게

아니라 연구자가 속한 '사회문화'에 대한 심층적 이해에 도달하는 연구라는 것이다. 두 번째 특징은 자문화기술지 연구는 '나'라는 일인칭 시점으로 작성되는데, 그 생생한 글의 힘은 독자들이 연구에 깊은 공감과 몰입을 할 수 있도록 하는데 아주 성공적이라는 점이다. 각 특징에 대한 자세한 설명은 다음과 같다.

첫째, 자기문화기술지를 사용한 연구들은 분명히 연구자가 자신을 연구 대상으로 삼고 탐구하지만, 종국에는 자신이 경험하고 있는 사회문화적 현상에 대한 심층적 이해에 도달하게 된다는 특징을 보인다. 연구자가 자기 자신을 탐구하기 때문에 자문화기술지법은 자서전이나 회고록과 같은 자서전적 내러티브탐구 방법과 언뜻 비슷해 보일 수 있다. 하지만 전자와 후자 사이에는 근본적인 차이가 존재한다. 즉 자문화기술지는 다른 자서전적 탐구들처럼 자기반성이나 자기 목소리의 탐구가 가능하다는 장점을 취하기는 하지만 궁극적인 연구 목적은 연구자 자신이 속한 '공동체 문화'에 대한 통찰이다.

연구자가 자신을 더욱 깊게 이해하고 발견한 것을 글로 표현하기 위해서는 스스로를 조금 더 분석적이고 비판적으로 바라보는 탐색의 과정이 반드시 필요하다. 그 때문에 연구자는 스스로 '자기 해체의 과정을 적극적으로 시도해야만 하는데, 이 과정을 통해 연구자는 자기(self) 자신뿐만 아니라 자신과 타인, 그리고 사회적 맥락 속에서의 상호작용과 관계를 더욱 비평적으로 바라볼 수 있게 된다. 즉 자기 해체의 과정을 거치며 연구자는 자신의 주관적 경험을 지속적이며 심층적으로 성찰할 수 있게 되며, 더 나아가 궁극적으로 자신과의 연관 속에서 사회문화적 현상을 더욱 깊게 이해할 수 있게 되는 것이다. 특정 문화의 내부 구성원으로서 연구자는 일인칭 관점으로 자신이 개인적으로 경험한 감정이나 기억, 추억 등 주관적 체험을 성찰하면서 점차 사회적인 자기 성찰이 가능해 진다.

이와 같이 자문화기술지에서 연구자는 자신을 독자적인 개인이 아닌 사회 속에서 타인과 끊임없이 밀접하게 관계 맺고 영향을 주고받는 존재로 '통찰'하려는 시선을 거두지 않는다. 그리고 이렇게 획득한 자신(self)에 대한 사회적이고 문화적이며 정치적인 이해를 글로 기술하는 방법이 바로 '자문화기술지법'이다. 그러므로 이렇게 이루어진 연구는 자서전이나 일기와는 근본적으로 다른 성격을 지닌다.

둘째, 자문화기술지는 '나'라는 일인칭 시점으로 어떤 현상을 이야기하기 때문에 연구가 매우 구체적이면서도 생생하게 독자들에게 전달된다. 이렇게 자문화기술지는 독자들이 연구 과정과 결과에 대해 감정을 몰입하게 만들 수 있기 때문에, 독자들은 연구자와 함께 스스로 자신의 삶 또한 적극적으로 성찰할 수 있게 된다. 자문화기술지는 사회적 맥락 속에 연구자가 자신의 자아(self)를 위치시켜 전체적인 상호 관계의 특징을 살피는 것이기 때문에 일인칭 시점의 글쓰기는 독자가 연구자에 공감하며 자신도 사회문화적 맥락 속에서 두고 살펴볼 수 있게 하는 데 효과적이다. 그렇기 때문에 특별한 현상 혹은 독자들이 기존에 경험해 보지 않은 낯선 현상을 공감하고 이해하는 데 자문화기술지를 사용한 연구는 큰 도움이 된다.

제 2 장 자문화기술지

자문화기술지의 유형들

이와 같은 공통된 특징을 가지는 자문화기술지도 몇 가지 유형들로 구분되기 때문에 유형별 독특한 특징을 살펴보는 것도 의미 있을 것이다. 리드-다나헤이는 자문화기술지의 종류를 원주민의 문화기술지(native ethnography) 또는 소수집단 문화기술지(minority ethnography), 자기 성찰적 문화기술지(reflective ethnography), 자전적 문화기술지(autobiographic ethnography)로 구분한 바 있다.

첫 번째 유형인 '원주민 혹은 소수집단 문화기술지'는 연구자가 자신의 종족이나 나라의 문화를 연구할 때 사용된다. 잘 알려지지 않은 소수 집단의 정체성이나 소수와 다수 집단의 권력관계 등의 주제를 다루는 데 적합하다고 알려져 있다.

두 번째 '자기 성찰적 문화기술지'는 집단의 외부자인 인류학자가 현장 연구를 수행하는 과정에서 직접 겪은 긍정적 혹은 부정적 경험과 자신의 통찰을 기술하는 유형이다. 바로 내가 사용한 방법이기도 하다. 이 자문화기술지는 외부에서 연구자가 특정 문화 집단 속으로 들어가 현장 연구를 진행하는 경우, 연구 대상을 누구로 하는가에 따라 '문화기술지(ethnography)'가 될 수도 있고 '자문화기술지(auto-ethnography)'가 될 수도 있다[3]. 나의 경우 처음 연구를 시작할 때는 사진을 배우는 시각장애 학생들을 연구 대상으로 삶고 그들의 낯선 사진 문화를 심층적으로 이해하기 위한 문화기술지를 시도했었다. 하지만, 현장연구를 진행하는 과정

---

[3] 문화기술지와 자문화기술지는 두 연구 모두 연구자에게 이해하기 힘든, 낯선 문화를 탐구한다는 점에는 공통점을 지니지만 누구를 대상으로 연구를 진행하는가에 따라 아주 큰 차이가 발생한다. 문화기술지 연구는 어떤 특정 문화에 속해 있는 집단 구성원을 통해 문화를 이해하려는 연구이며, 자문화기술지는 개인의 경험 그리고 그 경험에 내포되어 있는 사회문화적 맥락을 이해하려는 것이며 기본적으로 연구대상은 연구자 자신이다.

에서 연구 대상이 시각장애인이 아닌 연구자인 나로 변경되었고, 연구 방법도 '문화기술지'에서 '자문화기술지'로 바뀌었다.

즉 자기성찰적 자문화기술지 유형은 문화기술지 연구와 달리 현장 연구를 하면서 연구자가 개인적으로 경험한 것과 연구자 자신의 감정 상태에 집중하며 그에 대한 성찰을 기술하게 된다. 나는 시각장애 학교 사진 수업 참여 과정에서 나의 내외적 경험과 갈등, 나와 시각장애 학생들, 나와 사진 교사들을 포함한 다양한 사람들과의 관계에서 발생한 사건들을 실제 수업의 맥락 속에서 분석하였다. 이를 통해 비시각장애인 중심의 사회문화 속에서 태어나고 자란 내가 자연스럽게 습득하고 내면화한 사진과 사진 교육 그리고 시각장애인들의 사진 작업에 대한 관점은 무엇이었는지와 그런 관점은 어떤 특징과 한계를 지니고 있는지, 만약 변화가 필요하다면 그 변화는 어떤 방향으로 이루어져야 하는지 비판적 성찰을 시도하였다. 따라서 이 책에서 소개되고 있는 나의 연구는 '자기성찰적 자문화기술지' 유형으로 볼 수 있다.

세 번째 유형, '자전적 문화기술지'는 연구자가 자신의 아주 개인적인 경험을 사회문화와 연결해 기술하고 해석하는 방법이다. 연구자의 자전적 자료에 초점을 두고 있어 독특한

데 개인의 정서적 체험으로부터 출발한 연구이다. 개인적인 경험으로부터 연구가 시작되지만, 기본적으로 문화적 의미를 지닐 수밖에 없는데, 바로 문화 집단의 기본단위가 개인이라는 인식을 바탕으로 하고 있기 때문이다. 인류학적 측면에서 개인의 생각과 행위는 사회문화 집단과 밀접한 관계 속에서 이루어지기 때문에 완전히 독립적이거나 개별적일 수 없다. 따라서 다른 자전적 글처럼 개인적인 경험을 다룬다는 점에서 유사하지만, 자전적 문화기술지는 문화의 이해에 좀 더 초점을 두게 된다.

  자문화기술지의 유형을 나누어 보았지만, 이 유형들을 기계적으로 구분할 수는 없다. 자문화기술지라고 명명되는 여러 유형의 연구들이 실제로 '자전적 문화기술지'에 무게를 두고 있기 때문에 유형별 특성들이 중복되는 경우가 상당히 빈번하게 발견되기 때문이다. 결국 종합하자면(벌써 몇 번씩 반복한 내용 같기는 하지만) 자문화기술지의 특징은 자기 자신의 개인적인 경험을 기술하고 분석하는 과정을 통해 연구자가 자신이 속한 사회 구조와 문화를 스스로 발견할 수 있고, 그 결과 사회 변화를 어떻게 만들어 가야 할지에 대한 의견 제안까지도 가능한 연구라고 보는 것이 최선일 듯하다.

제 2장 자문화기술지

'너의 사진'을 이해하기 위한 '나'의 선택

시각을 중심으로 세계을 지각하며 살아가는 비시각장애인들과 다르게, 상대적으로 시각장애인들은 청각이나 촉각 등 다른 감각을 적극적으로 함께 사용하며 세계를 지각한다고 알려진다. 그러므로 시각장애인들이 시각 이미지를 만들게 된다면, 그것은 비시각장애인들이 만드는 시각 표현과는 분명 차이가 있을 것이다. 그렇다면 그 두 시각 표현은 본질적으로 무엇이 다르며, 그 차이를 어떻게 이해할 것인가의 문제가 남는다. 일반적으로 시각장애인들이 만들어내는 시각 표현은 비시각장애인들이 평소에 경험해 보지 못한 낯선 이미지인 경우가 많다[4]. 이런 낯선 이미지를 발견한 비시각장애인들은 어떻게든 자신들이 알고 있는 대상과의 형태적 유사성을 찾아 의미를 부여하여 이해해 보려 하거나 혹은 시각장애인들의 시각 표현을 그저 시각 능력의 한계나 시각 표현 경험의 부족으로 인한 '오류'나 '결핍'으로 이해할 가능성이 크다.

최근에는 이렇게 시각장애인들이 만들어내는 낯선 시각 표현을 오류나 결핍으로 이해하는 것이 아니라 오히려 '창의적인 새로운 가능성'으로 해석하려는 연구들도 등장하고 있다. 그리고 이런 긍정적인 해석을 바탕으로 시각장애인들에게도 미술교육이 필요하다는 주장을 펼치기도 한다. 물론 나도 시각장애인들에게 미술교육이 제대로 이루어지지 않는 현실을 굉장히 비판적으로 보고 있는 사람 중 하나이며, 그들에게 적합한 미술교육을 고민하고 제공하는 것이 필요하다는 생각에 동의하고 있다. 하지만, 이런 주장을 위해 시각

---

[4] 보통 비시각장애인들은 시각장애인들이 시각 능력이 전혀 없어 아무 것도 보지 못할 것으로 생각한다. 하지만 전국에 등록된 시각장애인 중 약 5%만 전맹이라고 한다. 즉 대부분의 시각장애인은 다양한 유형의 저시력장애를 겪고 있을 뿐 사실 이들도 '무언가'를 볼 수 있다(우리들의 눈, 2017). 겹쳐 보이는 '복시', 중심은 잘 보이지만 주변은 잘 안 보이는 '주변 시야 장애', 시력이 흐려지는 '약시' 등의 시각장애를 겪고 있지만, 어느 정도 시각을 사용할 수 있다.

장애인의 미술 표현을 무조건 창의적이라고 여기는 것에도 분명 문제가 있다. 왜냐하면 비시각장애인들에게 낯설게 보인다는 이유로 시각장애인들의 미술 표현을 무조건 특별하다고 보는 것은 오히려 왜곡된 이해를 발생시킬 가능성이 있기 때문이다.

'창의적인 표현'이라는 수식어가 붙게 되면 비시각장애인과 다른 시각장애인의 시각 표현을 위한 선택을 더 심층적으로 이해해 보려는 시도는 더 이상 무의미해질 수도 있다. 따라서 비시각장애인의 눈에 낯설게 보이는 시각장애인의 시각 표현물을 이해하기 위해서는 그 표현이 '창의적인가 아닌가'에 대한 판단 이전에 그들의 시각 표현에 대한 기본적인 질문부터 다시 해야 한다. 무엇을 표현하려고 하는가? 그 표현을 위해 어떤 표현 전략을 시도하는가? 그 표현 방법은 시각장애인의 방법과 어떤 점이 유사하거나 차이가 있는가? 비시각장애인이 일반적으로 아주 자연스럽게 사용하는 표현 도구의 사용 방법을 시각장애인은 어떻게 활용하는지 등등 말이다.

초등학교 교사로 시각장애 학교에 파견 근무를 하면서 전맹 아동들의 시각 표현을 연구한 박정유의 연구[5]는 비시각

---

5) 박정유의 연구는 시각장애인들의 시각적 표현 원리를 이해하는데 뛰어난 통찰력을 보여준다. 한 번 인용하고 지나치기에는 너무 아까워서 부록에 이 연구를 좀 더 자세히

장애인인 내가 시각장애인들의 시각 표현을 이해하기 어려운, 아니 어쩌면 불가능할 수도 있는 이유를 자각하게 하는 데 큰 도움을 주었다. 이 연구는 내가 어떤 왜곡된 시각을 가졌는지 그 한계를 깨닫게 해주고, 아주 기본적인 질문을 처음부터 다시 물을 수 있도록 큰 도움을 주었다. 이 책 뒷부분에 박정유 교사가 쓴 논문 정보와 함께 연구 내용을 소개해 두었으니 혹시 관심 있으신 분들을 찾아서 꼭 읽어봐 주시길 부탁드린다. 박정유의 연구는 시각장애인들의 미술 표현을 '오류'나 '결핍' 혹은 무조건 '창의적 표현'으로 보는 대신, 어떻게 그들의 표현을 이해해야 하는지 뛰어난 통찰력을 보여준다.

박정유는 촉각에 전적으로 의지하는 시각장애인이 그린 그림은 시각을 중심으로 사물은 지각하고 표현하는 비시각장애인들의 그림과 무엇이 다른지 분석하였는데, 이 결과가 매우 흥미롭다. 연구에 참여한 학생들은 모두 시각 경험이 전혀 없고 시각의 도움을 받을 수 없는 선천석 전맹 시각장애인이었으며, 연구자는 이 학생들에게 컵, 생수병, 냄비, 사슴 인형 등을 제공하고, 각 사물을 손으로 만진 후 시각장애

정리해 놓았다. 박정유가 분석한 시각장애 학생들이 사물들을 표현하기 위해 선택한 평면 표현 전략은 정말 놀랍다.

인용 그림판[6]에 그리도록 했다. 그 과정을 세밀하게 관찰하여 기록하고, 학생들의 그림을 조금 더 잘 이해하기 위한 인터뷰도 진행하였다. 박정유는 눈으로 사물을 지각하는 대신 손으로 지각할 때 사물에 대한 이해와 사물로부터 수집할 수 있는 정보가 어떻게 달라지는지 설명하는데, 내 경우 이런 접근법이 매우 신기했고, 시각장애인들을 비시각장애인의 입장에서 이해하는 것이 얼마나 무모한 일일 수 있는지 깨닫게 되는 아주 중요한 계기가 되었다.

눈이 아닌 손으로 사물을 지각하는 경우 사물의 전체 혹은 앞과 뒷면, 안과 밖, 위와 아랫면을 동시에 파악할 수 있다. 시각을 주로 사용하는 비시각장애인들의 경우에는 사물과 그림을 그리는 주체 사이에는 일정 거리가 존재하기 때문에, 눈으로 지각할 수 없는 면이 반드시 존재하게 된다. 하지만 촉각을 사용하는 시각장애인들은 손을 움직여 모든 면을 만져서 지각하는 것이 가능하기 때문에, 이렇게 파악한 사물의 특징을 평면에 표현하기 위해서는 비시각장애인들이 사용하는 방식과 다른 표현 질서를 구축하는 것이 필요하다. 이런 새로운 표현 질서를 바탕으로 했기 때문에 촉각으로 수

---

[6] 시각장애인용 그림판은 특수 고무로 제작되었는데, 위에 비닐지를 올리고 볼펜으로 그리면, 선이 위로 도드라지게 튀어 오르게 된다. 시각장애 학생들은 이 튀어오는 선의 모양을 손으로 만져 확인하고, 계속 그림을 그릴 수 있게 된다. 비시각장애인 관찰자들은 그려진 검은 선을 통해 학생들이 어떤 그림을 그렸는지 확인이 가능하다(박정유, 2014).

집한 대상에 대한 정보를 그린 그림은 확실히 시각을 사용하여 그린 그림과 상당한 차이가 생기게 되고, 이에 따라 비시각장애인들에게 낯설어 독창적인 표현으로 여겨질 수 있는 것이다.

하지만 박정유는 이런 독특해 보이는 미술 표현이 사실 시각장애인들에게는 아주 자연스러운 표현 방식일 수 있음을 강조한다. 시각이 아닌 촉각을 중심으로 사물을 지각하고 그린 그림이기 때문에 '그런 형태로 그려질 수밖에 없었음'을 이해하고 인정하는 게 더 중요하다는 것이고, 그래야만 시각장애인들과 비시각장애인들의 그림이 어떤 본질적 차이가 있는지에 관심을 기울이게 된다는 것이다. 박정유의 연구처럼 시각장애인들이 그들의 입장에서 자연스럽게 시도하는 시각 표현[7]의 의미를 비시각장애인의 관점으로 잘못 해석하지 않으려면, 시각장애인이 세계를 지각하고 살아가는 방식의 관점에서 그들의 표현을 이해하는 게 가장 이상적일 수 있다.

하지만 레비나스(Levinas, 1906~1995)에 의하면 우리는 타자를 이해하려고 아무리 노력해도, 결국 '자아의 또 다

---

7) 시각장애인들이 만든 시각 이미지를 비시각장애인들은 자신의 눈으로 확인하기 때문에 시각 표현이라고 부르지만, 정작 시각장애인들에게는 시각 표현이 아닐 수 있다. 그렇다면 시각 표현처럼 보이는 이 표현은 어떻게 제작되었으며, 단순히 시각 표현이 아니라면 어떤 의미인지 생각해 보아야 한다.

른 나' 또는 '자아로 회귀 된 타자'로서만 만나게 될 가능성이 크다. 우리는 타자를 '타자' 그 자체가 아닌 자아의 관점에서 자신이 공감할 수 있는 모습으로서 '타자'를 만들고 그것을 이해하려는 경향을 가지고 있다는 것이다. 결국 이렇게 '타자'를 이해했다면 우리가 이해했다고 믿는 타자는 진짜 '타자'일까? 그 타자는 그저 자아가 이해할 수 있는 범위 내에서 재구성된 '타자'이기에 결국 '자아'의 또 다른 모습일 수밖에 없다. 그렇다면 타자는 절대로 자아에 의해 이해될 수 없는 존재로 남게 된다. 레비나스는 역설적으로 타자를 제대로 이해하고 싶다면, 우리가 타자를 이해할 수 있다는 막연한 자신감을 내려놓아야 한다고 주장한다. 타자가 자아에 의해 절대 이해할 수 없는 존재임을 인정할 때 자아에 의한 타자의 왜곡이 덜 일어날 수 있기 때문이다. 타자를 더 잘 이해하기 위한 노력은 이해의 왜곡이 일어날 가능성을 최소한으로 줄이기 위해 우리의 판단을 중지하는 것!

한국에서는 만남의 철학으로 유명한 철학자 부버(Buber, 1878~1965) 역시 '너'라는 타자와 '나'라는 자아가 만나 '너를 너로' 이해하는 일의 어려움을 강조한 바 있다. 부버는 이런 어려움에도 불구하고, '나'와 '너'의 만남과 이해가 시도되어야 하는 이유가 바로 '너'를 이해하는 과정에서 '나'도

'나'가 될 수 있기 때문이라고 설명한다.

> 나는 「너」라고 부르는 사람을 어떤 시간, 어떤 장소에서 만나는 것이 아니다. 나는 그 사람을 어떤 시간, 어떤 공간에 잡아넣을 수 있다. 그리고 나는 언제나 그렇게 할 수밖에 없다. 그러나 그때에 그 사람은 오직 하나의 「그」 또는 「그 여자」, 하나의 「그것」이지 이미 나의 「너」는 아니다…(중략)…내가 「너」라고 부르는 사람을 나는 경험하지 못한다 …(중략)… 「나-너」는 오직 온 존재를 기울여서만 말해질 수 있다. 온 존재에로 모아지고 녹아지는 것은 결코 나의 힘으로 되는 것이 아니다. 그러나 나없이는 결코 이루어질 수 없다. 「나」는 너로 인하여 「나」가 된다. 「나」가 되면서 「나」는 「너」라고 말한다.
>
> (Buber, 1988, pp. 14-17)

이렇듯, 타자의 관점을 이해하고 타자에 공감하기 위해서는 역설적으로 우선 타자를 통해 '나'를 찾는 일이 이루어져야 한다. 그렇다면 지금까지 시각장애인 미술표현을 이해하고, 그들에게 어떤 미술교육을 할 것인가를 탐구하기 위해 대부분의 연구자가 타자인 '시각장애인'에 집중했던 접근 방식도 다시 점검해야 하지 않을까? 어쩌면 '시각장애인'에 대한 이해에 집중하면 할수록 오히려 그들은 우리가 이해할 수 있는 정도의, 혹은 이해하고 싶은 만큼의 모습으로 변했을지 모른다. 타자의 관점은 아무리 객관성을 가진다 해도, 결국 연구자의 주관적 해석이 반영된 타자의 관점일 수밖에 없기 때문이다.

결국 우리가 가장 확실하게 설명하고 이해할 수 있는 것은 타자와의 관계 속에서의 우리 자신의 경험 그리고 그 과정에서 자신에게 일어나고 있는 인식의 흐름 정도일 것이다. 그렇다면 이해하기 어려운 타자, 시각장애인과의 만남을 오히려 비시각장애인 연구자인 나 자신에 대한 비판적 탐색을 적극적으로 시도할 수 있는 기회로 여기려는 자세가 필요하다. 시각장애인이라는 타자를 어떻게든 이해하기 위해 '왜곡된 상태'로 만들기 보다, 그들을 마주하며 나에게 일어나는 혼란과 곤경에 집중하고 비판적 성찰을 시도하는 것! 그 방법이 시각장애인이라는 타자와 그들의 사진 표현에 조금 더 가깝게 다가갈 수 있게 도와줄 것이다. 그러기 위해서는 '나는 시각장애인'과 관련한 어떤 경험을 가지고 있었는가?' '내가 가지고 있는 '시각장애인에 대한 생각'은 어떻게 형성된 것인가?' 그리고 '이 모든 것은 내가 현재 시각장애인을 이해하는 방식에 어떤 영향을 미치고 있는가?'와 같은 물음을 나 자신에게 적극적으로 물어야만 했다.

이렇게 나의 연구는 역설적이게도 시각장애 학생들의 사

진 표현을 이해하기 위해 오히려 그들과 사진을 매개로 상호 작용하고 있는 비시각장애인 연구자인 '나' 자신을 탐구하는 것에 집중하게 되었다. 시각장애인들의 사진을 이해하겠다는 원래의 목표가 그들과 그들의 사진을 바라보고 있는 '나'를 이해해야만 하는 새로운 목표로 대체된 것이다. 이 연구를 통해 나는 처음으로 지극히 개인적인 경험을 학문적으로 탐구하게 되었다!

시각장애 미술교육과 관련한 선행연구 중 시각장애 아동들의 미술 표현의 근본적인 특징과 의미를 탐색하는 연구는 많지 않다. 이렇게 관련 연구가 부족한 가운데 시각장애인들이 찍은 '사진'에 대한 학술 연구는 찾기 힘들 정도로 거의 이루어지고 있지 않다. 몇 편 안 되는 연구에서 시각장애인과의 관계가 거의 없는 상태로 살아온 외부 연구자들은 시각장애인들을 만나자마자 바로 사진을 가르치고, 그들의 사진에 조언하고, 부족함이나 어려움이 무엇인지 해석하고 설명한다. 비시각장애인 연구자들은 시각장애 아동들의 사진 수업에서 경험한 자신들의 혼란과 갈등 그리고 고민을 세밀하게 다루는 대신 그들이 무엇을 가르쳤는지, 그래서 어떤 사진들을 찍을 수 있게 되었는지에 집중한다. 이런 방식은 레비나스나 부버가 경고한 '타자를 이해할 수 있다는 자아의 오만한 확신'이다. 만약 비시각장애인 연구자가 시각장애인이라는 '타자'의 사진표현을 이해하는 데 자신의 한계를 분명히 인식하고, 그 한계에도 불구하고 '타자'의 입장에 조금이라도 더 가까이 다가가기 위한 노력의 과정을 세밀하게 들여다볼 수만 있다면, 시각장애인과 비시각장애인의 서로 다른 사진 문화의 경계를 자연스럽게 넘나들며 사진 이해의 지평이 확장되고, 사진 표현 전략도 더욱 풍성해질 수 있을 것이다.

나는 평소 사진 교육에 관심이 있는 비시각장애인 미술교육 연구자로서 시각장애 학생들의 사진 수업에 참여하면서 경험하고 느꼈던 나의 개인적인 경험을 일인칭 시점에서 살펴보기로 했다. 이를 통해 시각 능력을 가진 사람들만의 중심 사진 문화 맥락 속에서 시각장애인들의 사진은 비시각장애인들에게 어떻게 이해되고, 어떤 혼란을 가져다줄 수 있는지 그리고 그런 이해와 혼란이 시각장애인을 대상으로 사진 교육을 할 때 어떤 문제를 발생시킬 수 있는지 탐색할 것이다. 나의 이런 시도는 특수한 교육 현상을 내부자 위치에서의 개인적 경험을 공유하는 것에 그치지 않고, 더 나아가 연구자의 생각과 행동의 기저에서 강력하게 작동되고 있는 비시각장애인 중심 사진 문화가 내포하고 있는 한계를 비판적으로 살펴볼 기회를 제공할 것이다. 왜냐하면 한 개인의 경험은 개인이 속한 사회의 생활양식이나 상황들과 언제나 긴밀하게 연결되어 있기 때문이다.

나의 체험에 주목한다고 하여 시각장애 학생들의 사진 교육 및 사진 활동 체험을 간과하는 것은 아니다. 본래 교육에서 학습이 교수활동보다 근원적이라는 점을 감안할 때, 교수자의 체험을 보려면 이미 학습자의 체험을 보는 것이 전제되어야하기 때문이다. 따라서 사진 수업 보조 교사이자 참여 연구자로서 내가 체험한 많은 부분이 사진 수업에 참여하고 있는 시각장애 학생들의 체험과 함께 기술될 것이다. 시각장애 학생들에게 사진을 가르치고 상호작용하는 체험을 통해 새롭게 만나게 될 나는 과연 어떻게 사진 예술과 사진 교육을 이해하게 될까? 푸코(Foucault, 1926~1984)는 자신이 미처 알고 있지 못한 것으로 나아가기 위해서 자신이 알고 있다고 여기는 것으로부터 나오는 것이 필요하다고 하였다. 따라서 내가 무엇을 아는지 그리고 무엇을 모르는지를 성찰하고 이해하는 일이 중요했다. 이 연구를 통해 나는 연구를 시작하지 않았다면 절대 모르고 지나쳤을 '비시각장애인' 사진 교육 연구자인 '나'를 만나게 되었다. 그 앎의 과정을 기술하는 것이 나의 역할이자 책임이라고 생각한다.

제 2 장 자문화기술지

연구는 어떻게 진행되었는가?

나는 2017년 5월부터 2019년 8월까지 약 2년 3개월 동안 서울 소재 한 맹학교 미술 수업을 참여 관찰하였다. 2017년에는 7명 정원의 중학교 2학년 사진 수업을, 그리고 그 다음 해인 2018년에는 6명 정원의 중학교 1학년 사진 수업을 참관하였다. 중학교 1학년 학생들이 2학년이 된 2019년에는 사진 수업이 아닌 다른 미술 프로젝트의 수업이 진행되었지만, 학생들의 시각 표현을 이해할 수 있는 데 도움이 될 수 있을 것 같아 한 학기를 더 참여 관찰하였다. 사진 수업은 사진 작가인 예술 강사 한 명, 책임 보조 교사 한 명 그리고 학생 수만큼의 보조 교사들이 학생들을 지도하였는데, 나는 보조 교사였다.

본 연구는 나의 시각장애 학교 사진 수업 참여 경험에 관한 자기성찰적 자문화기술지로 신뢰성과 타당성 확보를 위해 다른 문화기술지처럼 장기간에 걸쳐 다양하면서도 충분한 자료를 수집하여 삼각검증(triangulation)을 하였다. 수업마다 나 자신을 포함한 모든 연구 참여자를 심층 관찰하여 기록하였고, 이 관찰지를 정기적으로 정리하고 분석하면서 떠오른 생각들로 자기 성찰지를 작성했다. 그리고 추가로 시간의 흐름과 중요한 사건에 따른 기억자료, 사진 자료와 동영상 자료, 시각장애 학생들의 사진 수업에서 수행한 결과물, 인터뷰 자료, 맹학교 사진수업과 관련하여 주변인들과 나눈 문자 메시지, 모든 교사가 참여하는 소셜 네트워크 서비스 '밴드(Band)'에 공유된 자료 등을 수집하였다.

연구자료를 수집하고 분석하는 과정은 순환적으로 진행되었으며, 연구의 타당도를 확보하기 위해 몇 가지 전략들이 적용되었다. 첫째, 장기간 현장에 참여하면서 나의 개인적인 경험과 시각장애 학생들 그리고 그들을 가르치는 사진 전문가와 보조 교사들과의 대화 등을 토대로 밀도 높은 자전적 경험을 연구 자료로 사용하였다. 둘째, 5학기 동안의 관찰자료를 포함한 다양하고 충분한 자료를 확보하였으며, 셋째, 이런 풍부한 자료를 수집 분석함으로써 한 자료에 의존한 연구를 진행할 때 발생할 수 있는 오류들을 최소화하고자 했다. 넷째, 나의 개인적 경험을 심리이론, 철학 이론, 그리고 관련 선행 연구들과 비교 검토하여 개인적 체험을 타자와 사회에 연결해 의미를 파악하려 했다. 다섯째, 시각장애 미술 교육을 오랫동안 담당했던 교사와 자문화기술지 연구 경험이 풍부한 연구자에게 전문적 피드백과 검토를 받았다.

자문화기술지를 사용한 '인간 연구(human research)'의 경우 연구자와 연구 참여자의 이야기가 반영되기 때문에 "자기 노출"에 대한 연구 윤리적 고려가 필요하다. 따라서 본 연구를 진행하면서 연구 과정과 결과가 나 자신과 다른 연구 참여자들에게 미칠 영향을 고려하면서 부정적 영향을 최소화하기 위해 상호 신뢰와 존중이 형성될 수 있도록 계속 대화를 시도하였다. 또한 연구 결과에 관한 내용을 전달하고, 연구 참여자들의 안전이나 불편함을 일으킬 수 있는 민감한 내용은 연구 주제를 훼손하지 않는 범위에서 생략하거나 조정하였다.

자료 분석은 기초 자료와 주제들을 반복적으로 오가며 순환적이며 상호보완적 복합적 추론 과정을 거쳐 진행되었다. 수집된 자료들은 개방적 코딩을 사용하여 초기 코딩, 심층 코딩 후 주제 도출을 실시하였으며. 코딩 결과 (1) 이상한 사진 나라의 앨리스: 사진 찍는 시각장애 학생들과의 만남, (2) 보이지 않는 전쟁: 낯선 사진 찍기를 고집하는 학생들과의 충돌, (3) 휴전: 낯선 사진 찍기를 그냥 낯설게 두기, (4) 공존: 사이-존재로서의 사진 교육 연구자 되기라는 4개의 대주제를 도출할 수 있었다. 3장에서는 연구 결과를 4개의 대주제를 중심으로 기술해 보려고 한다.

제3장 시각장애 학생들의 사진찍기…
내가 본 것과 내가 이해한 것의 차이

1. 이상한 사진 나라의 앨리스:
사진 찍는 시각장애 학생들과의 만남

> 토끼가 조끼 주머니에서 회중시계를 꺼내 보고서 서둘러 달려가는 모습을 보자 앨리스도 자리에서 몸을 일으킬 수밖에 없었다. 그제야 주머니가 달린 조끼를 입고 시계를 꺼내 보는 토끼를 본 적이 없다는 것을 깨달았다. 호기심이 생긴 앨리스는 들판을 가로질러 토끼의 뒤를 쫓아 뛰어갔다.
>
> (Carroll, 2013, p. 9)

누구라도 그랬을 것이다.

당장 호기심에 몸을 일으키고 뒤따라갔을 것이다.

앞을 못 보는 아이가 사진을 찍으며 걸어가는 모습을 본다면 말이다. 나의 맹학교에서 사진 연구도 그렇게 홀린 듯 시작되었다.

제3장 시각장애 학생들의 사진찍기

Q로부터 들은 신기한 사진 수업

어느 날 평소 친하게 지내던 동료 교수 Q로부터 서울에 있는 한 시각장애 학교에서 사진 수업이 이루어지고 있다는 이야기를 우연히 듣게 되었다. 처음엔 말도 안 되는 일이라고 생각했다. 앞을 볼 수 없는 아이들이 어떻게 피사체를 찾고, 또 그 피사체를 원하는 구도와 밝기 그리고 초점을 맞춰 사진을 찍는다는 말인가! 시각장애 학교에 미술 수업이 있다는 사실만도 내게는 놀라웠는데, 사진 수업이라니 더더욱 내 귀를 의심하지 않을 수 없었다.

하지만 나는 Q가 오랫동안 맹학교에서 이루어지는 미술 교육에 관심을 가지고 일했다는 것을 알고 있었고 연구자로서 Q를 평소 크게 신뢰하고 있던 터라 절대 가볍게 꺼낸 이야기는 아니라는 생각이 들었다. 그러자 내 머릿속은 순식간에 시각장애 학교에서 이루어지고 있다는 사진 수업에 대한 궁금함으로 가득 찼다.

'어떻게 그런 수업이 가능한 거지? 눈이 안 보이는 아이들이 사진을 찍을 수 있도록 가르칠 수 있는 특별한 방법이 있다는 건가?'

궁금함에 꽤 여러 가지 질문들을 Q에게 했고, Q는 자기가 아는 선에서 친절하게 답해주었다. 하지만 Q 역시 직접 사진수업을 참관했던 것은 아니라 그의 설명도 모호했다. 꽤 오랫동안 이야기를 나누었지만, 나의 궁금함은 전혀 해결되지 않았고, Q도 나도 더 미궁 속에 빠지는 것 같은 느낌이 들었다. 당시에 나는 사실 시각장애에 대해 아는 것도 없고, 관련 경험도 전혀 없었다. 그렇다 보니 그들에 대해 그들이 찍는 사진에 대해 무언가를 떠올려 본다는 것도 불가능했던 것 같다. 아마 Q도 나와 비슷한 상태가 아니었을까?

그때까지 나는 모든 시각장애인이 앞을 전혀 볼 수 없는 상태라고 생각하고 있었다. 전맹. 즉 내게 시각장애인은 모두가 예외 없이 '전맹' 상태로 캄캄한 어둠 속에서 불안하게 살아가는 사람들이었고 그래서 누군가의 도움이 꼭 필요한 불쌍한 사람들이었다. 나는 TV나 영화 속에서만 시각장애인들을 잠깐씩 볼 수 있었을 뿐 일상생활 속에서 시각장애인을 직접 만나본 적이 거의 없었다. 미디어를 통해 얻은 그들에 대한 인상과 정보 그리고 거기에 나의 상상을 덧붙여 이해한 것을 그냥 사실로 오래 믿고 있었다. Q를 만나기 전까지 그들에 대한 나의 이해가 잘못되었을 수 있다고 의심할 만한 상황은 한 번도 일어난 적 없었다. 그만큼 비시각장애인 '나'는 시각장애인 '그들'에 대해 무지하고 또 무지했다.

어떤 대상에 대해 너무 모르면 궁금함조차 생기지 않는다고 했던가. 뭔가 어설프게라도 알아야 궁금함이 생긴다는 말을 들은 적 있다. 그래서일까? 시각장애인들에 대한 어설픈 앎조차 부족했던 나는 단 한 번도 '그들이 사진을 찍을 수 있는지 없는지, 그들이 사진을 찍을 수 있다면 어떻게 어떤 사진을 찍는지' 궁금함을 가져본 적이 없다. 내게 시각장애인들이 사진을 찍는다는 표현은 그때까지 내 세계에 전혀 존재하지 않는 표현이었다.

그런데 Q로부터 전해 듣게 된 시각장애 학생들을 대상으로 한 사진 수업 이야기는 내게 어떤 의심과 균열을 일으켰다. 나의 세계, 내가 알던 사진 세계의 한 축이 흔들렸다. 흔들린 세계를 바로 잡기 위해서는 의심과 균열을 메꿀 정보를 찾아야 했다.

"나 그 사진 수업 좀 볼 수 없을까? 무슨 방법이 없을까?"

Q는 고맙게도 알아보겠다고 대답해 주었다.

제 3 장 시각장애 학생들의 사진찍기

시각장애 학생들의 사진찍기, 궁금할 수밖에

그런 호기심은 아주 당연하기도 했다. 나는 오랫동안 아이들이나 청소년들의 그림을 수집하거나, 그들을 관찰 또는 인터뷰하는 방식으로 미술표현 발달 과정이나 특성들을 탐구하고 있는 연구자였기 때문이다. 내 전공 분야는 '미술교육'이었지만, 좀 더 관심을 기울이고 있던 세부적인 연구 분야는 다양한 미술 학습자들의 미술표현 발달과 관련된 것이었다. 특히 그림표현 발달 연구에 집중했다. 그러던 중 디지털 기술이 폭발적으로 발달하면서, 정말 순식간에 거의 모든 학생이 카메라 기능이 있는 핸드폰을 사용해 언제든지 자신들이 원하는 이미지를 만들어낼 수 있는 시대로 변화해 가는 것을 목격하게 되었다. 이런 상황이 되자 그림을 그리는 것만큼이나 사진을 찍어 표현하는 것 역시 아주 자연스러운 일상이 되어버렸다.

그렇다면 아동의 사진 표현 발달과 관련한 연구가 본격화되어야만 했지만, 많은 연구자가 이런 현상에 무관심했다. 나도 마찬가지였다. 사실 이 분야의 연구는 '그림 표현' 중심으로 이루어지고 있다. 입체 표현에 대한 연구조차 거의 이루어지지 않는 분위기다보니 내 연구도 자연스럽게 아동화에 집중되었다. 그러다 문득 아동과 청소년 미술에 대한 연구가 변화된 시대를 반영하지 못하고 있다는 것을 자각한 나는 2014년부터 아동의 사진표현과 발달 특성 그리고 사진교육과 관련된 연구를 시작해야겠다고 마음 먹었다. 사진을 전공하지 않은 나로서는 꽤 긴 망설임 끝에 내린 결정이었다. 〈아동의 효과적인 사진표현 전략 지도를 위한 사진표현 발달의 특성 이해: 유치원 아동을 중심으로(김미남, 2014)〉라는 논문을 시작으로 2017년 4월까지 아동의 사진표현 발달 특성이나 사진교육을 위한 전략 등에 대한 논문을 세 편

썼다. 사진 찍는 시각장애 학생들을 알게 된 것이 바로 이때였다. 2017년의 나는 사진 교육과 관련하여 어느 정도 자신감이 넘쳤으며, 사진 교육에 대한 관심 또한 최고조에 다다른 상태였다. 시각장애 학교 사진 수업에 참여할 방법을 빨리 찾아야 했다!

"내가 그 사진 수업에 도움이 될 부분이 뭐라도 있을 것 같은데…. 정말 어떤 식으로든 내 도움이 필요하시면 언제든지 연락하시라고 꼭 좀 전해줘요! 꼭이요!"

당장이라도 그 신기하고도 이상한 사진 수업을 보러 가고 싶었지만, 담당자를 직접 아는 것도 아니고, 무턱대고 찾아가 수업 참관을 하는 것도 예의가 아닐 듯싶어 소식을 전해준 Q에게 이렇게 연결을 부탁해 두었다. 간절하게.

제 3 장 시각장애 학생들의 사진찍기

사진 수업 보조 교사, 제가 해도 될까요?

몇 주 뒤, 연구실로 전화가 왔다. 시각장애 학교 사진 수업에 대학생 보조 교사가 필요하다는 연락이었다. 시각장애 학생들을 대상으로 한 다른 수업들과 달리 미술 수업에서는 가능한 보조 교사가 학생을 일대일로 도와줘야 하는데, 사진 수업 보조 교사들이 부족하다는 거였다. 정말 기다리던 소식이었다! 당장 가르치고 있던 대학생들에게 '시각장애 학교 사진 수업 보조 교사'를 모집한다는 공지를 돌렸다. 보조 교사 지원자들을 모아 내가 인솔해서 데리고 갈 계획이었다. 그렇게 된다면 아주 자연스럽게 사진 찍는 시각장애 학생들을 관찰할 수 있을 것 같았다. 기분이 좋아졌다.

그런데 놀랍게도 일주일이 지나도, 지원하는 대학생이 단 한 명도 없었다.

'어떻게 아무도 지원하지 않는 거지?'

하루라도 그 신기한 '토끼 굴'에 들어가고 싶은 내 맘과 달리, 정작 그곳으로 자연스럽게 데려가 줄 학생들을 찾을 수 없는 상황이 계속되자 답답하기만 했다. 시각장애 학생들은 환경 변화에 민감해서 보조 교사가 자주 바뀌면 안 된다는 조건이 문제였다. 적어도 한 학기, 가능한 학년이 바뀌는 다음 해 2월까지 매주 정해진 사진 수업에 장기간 참여할 수 있어야 하는데, 대학생들이 그렇게 긴 기간에 시간을 낸다는 게 쉽지 않은 일이었다. 개인적으로 내 강의를 듣고 있는 학생들과 일대일로 넌지시 의사를 물어보기 시작했다. 관심을 보이는 학생들이 꽤 있었다. 하지만 모두 장기간 교육 봉사를 해야 한다는 것에 부담을 느끼고 있었다. 중간고사나 기말고사 기간에는 시험공부도 해야 하고, 대학교 방학은 상대적으로 일찍 시작되므로 여행 등 개인적인 일정이 생길 수도 있어 지원하지 않았다는 학생들이 많았다. 대학생들의 그런 사정이 이해되지 않는 것은 아니었으나 나로서는 답답한 노릇이었다. 결국 나는 교육 봉사자를 단 한 명도 구하지 못한 채, 며칠 뒤 다시 담당자의 전화를 받게 되었다.

"교수님~ 지원하는 대학생들이 좀 있나요?"
"그게… 교육봉사활동을 꾸준히 할 수 있어야 한다고 하셨는데, 대학생들이 나름의 바쁜 일정들이 있더라고요. 한 학기 이상 매주 봉사활동을 가야 한다는 조건이 부담된다고 하네요…."
"아… 그럴 수 있죠. 그럼 아쉽지만 할 수 없네요…. 다른 분들께도 여쭤보겠습니다. 이렇게 신경 써주셔서 감사합니다 교수님!"

담당자는 아쉬움을 표하며 전화를 끊으려고 했다.
하지만 나는 그렇게 전화를 끊어 버릴 수가 없었다.

"선생님! 제가 가면 안 될까요? 제가 보조 교사로 참여하고 싶습니다!"라며 담당자를 잡았다.

"네? 교수님께서 오시겠다고요? 그냥 보조 교사 활동인데요….'"

"제가 진짜 궁금해서요. 시각장애 학교에서 어떻게 사진 수업이 이루어지는지 보고 싶어서요. 제가 사진 교육 관련 연구를 했던 경험이 있어서 도움이 될 부분이 있을 거예요. 아니 교수나 연구자라고 생각하지 마시고, 그냥 편하게 대해 주세요. 보조 교사로 매주 성실하게 활동하겠습니다."

이렇게 해서 나는 맹학교 사진 수업의 보조 교사가 되었다. 상상조차 되지 않는 신기한 사진 수업을 장기간 관찰할 기회를 드디어 얻게 된 것이었다. 당시 내 생각에는 그 사진 수업에 참여하기만 하면 분명히 엄청난 무언가를 발견할 수 있을 것 같았다. 그래서 더 흥분되고, 떨렸는지 모른다. 주변에 내색하지 않았지만, '발견한 것들을 연구로 발전시켜 볼 수도 있지 않을까?'라는 생각을 속으로 하고 있었다. 진짜 멋진 논문을 쓸 기회를 얻을 수도 있겠다는 연구자로서의 사심도 분명히 있었을 것이다. 하지만, 단순히 호기심과 사심만으로 지원한 것은 절대 아니었다. 미술교육 연구자로서 내가 할 수 있는 게 있을 거란 확신이 있었다.

제3장 시각장애 학생들의 사진찍기

신기한 구경에 설레기만 한 나

"아이들이 곧 미술실로 내려올 거예요. 넘어지지 않도록 도와주세요."

수업 종이 울리자 사진 수업을 담당하는 최훈 작가는 나를 포함한 신참 보조 교사들을 쳐다보며 힘주어 말했다. 그러자 나는 약간의 긴장감으로 살짝 몸이 경직됨을 느꼈다.
'드디어 수업이 시작되는구나!'

몇 분 전까지도 아무렇지 않았는데, 바로 심장 쿵쾅거리는 소리가 귀로 전해지더니 곧 머리 전체가 웅웅웅 멍해져 옴을 느꼈다.

그때 갑자기 미술실 문이 열렸다. 학생들은 마치 기차놀이를 하는 것처럼 앞사람 어깨에 두 손을 올리고 줄줄이 걸어 들어왔다. 모두 일곱 명이었다. 맨 앞에 선 학생을 제외하고 나머지 여섯 명의 학생은 모두 눈을 감고 있었다. 학생들은 들어오면서 고개를 레이더처럼 움직였다. 마치 얼굴로 미술실 여기저기를 더듬는 것 같았다. 벌써 몇 번씩 와봤던 교실일 텐데도 학생들은 공간의 특징을 다시 꼼꼼하게 확인하려는 듯 보였다. 내게는.

"사진 찍어요!"

갑자기 남학생 하나가 소리쳤다.
그러자 다른 아이들도 뒤따라 소리를 지르기 시작했다.

"사진 찰~칵 찍고 싶어요~"
"사진 찍을래요."

조용하던 미술실이 갑자기 웅성웅성 소란해졌다. 맨 앞에 서서 아이들을 이끌던 여자아이 하나가 뒤쪽으로 고개를 돌리더니 "조용히 햇!"라고 소릴 꽥 질렀다.

나는 눈앞에 펼쳐진 이 낯선 장면에 적잖이 당황했고, 표정도 동작도 그냥 얼어버렸다. 지금까지 살면서 정말 단 한 번도 이렇게 가까이서 시각장애인을 본 적이 없었던 나였다. 그런데 '앞을 볼 수 없는' 아이들이 한 명도 아니고 무려 일곱 명[8]이나 갑자기 내 눈앞에 불쑥 나타나다 보니 모든 것이 비현실적으로 느껴졌다. 약간의 어지러움 같은 몽롱함이 밀려왔다. 조금 전까지 익숙한 보통의 학교 미술실에 서 있었는데, 시각장애 학생들이 들어오자 갑자기 완전히 낯선 공간으로 변해버린 느낌이 들었다.

'난 뭘 해야 하지?'

문득 맹학교 사진 수업에 오면서도 정작 시각장애에 대해 그리고 시각장애를 가진 학생들에 대해서 아무것도 알아보

---

8) 처음 참여한 사진 수업은 중학교 2학년 일곱 명을 대상으로 이루어지고 있었다. 그중 영미와 혜영이 두 명은 저시력으로 어느 정도 시각이 남아 있었으며, 나머지 다섯 명은 모두 중복 장애를 지닌 전맹 학생이었다. 저시력을 가진 학생 중 혜영이는 앞을 보는 데 큰 어려움이 없을 정도로 시력이 괜찮았고, 영미는 무엇을 볼 때, 눈을 거의 1cm 이내로 가까이 가져와야 보이는 학생이었다. 영미는 그렇게라도 스스로 볼 수 있다는 점에 스스로 자부심이 컸으며 수업 참여도 적극적이었다.

지 않고 무턱대고 왔음을 깨달았다. 이곳에 오면서 진짜 아무런 준비의 필요성을 느끼지 못했다는 걸 그때야 떠올렸다. 멍하니 서 있던 내 안엔 신기함과 설렘만 들어 있었다. 그런 건 아무런 쓸모가 없는 것들이었다. 난 무언가 신기하고 재미있는 일어날 거라 믿고 기다리고 있는 구경꾼이었다. 시각장애인들이 사진을 찍는다는 소문을 듣고 멀리서 찾아온 구경꾼 이상도 이하도 아닌 내가 그냥 거기 서 있었다.

나는 아마도 학생들이 시각장애가 있으니 당연히 사진에 대한 지식도, 사진을 찍어본 경험도 없을 거라고 확신했을 것이다. 그래서 의식적이든 무의식적이든 이 학생들에게 사진을 가르칠 준비 따윈 별로 필요 없다고 생각했을 것이다. 하지만 이런 나의 태도는 지금까지 내가 실천하려고 노력해왔던 교육철학에 크게 위배되는 것이었다. 나는 강의실에서 예비 미술 교사를 가르칠 때마다 교사는 '무엇을 가르칠까?'를 고민하기 전에 '누가 미술을 배우는가? 그들은 어떤 미술 경험을 가지고 있는가? 무엇을 표현하고 싶어 하는가? 그들의 미술표현 발달은 어떤 양상으로 이루어지고 있는가?'와 같이 미술 학습자를 심층적으로 이해하는 것이 우선되어야 한다고 가르쳐 왔기 때문이다.

그런데 내가 그토록 강조했던 진지한 이해가 필요한 미술 학습자의 범주에 시각장애 학생들은 포함되어 있지 않았던 것 같다. 사진을 배우기 위해서는 시각 능력이 절대적이라는 믿음이 너무 강했던 탓일까? '사진'은 어떤 미술 분야보다도 '시각 능력'이 절대적으로 요구되는 분야가 아닌가! 이런 잠재된 생각들은 시각능력이 손상된, 그래서 사진을 찍는 게 어찌 보면 불가능한 학생들을 가르치러 가는데, 특별히 이 학생들의 특성과 이들의 사진을 포함한 미술 활동 경험 그리고 표현 욕구들을 알아보고 가야 한다는 필요성을 느끼지 못하게 만들었던 것 같다. 학생들의 특성을 이해하지 못하니, 막상 사진에 대한 나의 지식이나 경험이 아무 소용이 없었다. 문제는 바로 발생했다. 나는 무엇부터 어떻게 가르쳐야 할지도 전혀 감을 잡지 못했다.

'복잡한 기능 버튼을 찾아 조작하는 것은 불가능할 테니, 일단 카메라를 켜고 사진 찍을 수 있게만 가르치면 되지 않을까?'

이렇게 어떻게든 사진을 찍을 수 있게만 만들자고 생각하니, 정작 시각장애를 가진 이전에 경험해 보지 못한 새로운 유형의 미술 학습자들에 대한 고려는 내 안중에 전혀 없었다.

아무것도 준비하지 않은 채 겁도 없이 맹학교 미술실에

들어와 서 있던 나라는 '구경꾼'은 시각장애 학생들과 막상 마주치자마자 '아! 지금까지 내가 알고 있던 지식과 경험은 아무 소용이 없겠구나!'라는 걸 직감했을 것이다. 그래서 한 번도 경험해 보지 못한 불안감에 멍한 상태가 되어 한참을 서 있었다. 그때 경력이 많은 보조 교사 김선우가 "선생님은 선호를 맡아주세요!"라고 소리치며 선호의 팔을 내 손에 맡겼다. 그러자 정신이 번쩍 들었다!

나는 얼른 선호를 도와 의자에 앉게 했다. 그리고 나도 얼른 선호의 옆자리에 앉았다. 선호는 눈을 감고, 나를 쳐다보지도 나에게 말을 걸지도 않았다. 선호뿐만 아니라 모든 아이들이 멍한 시선을 여기저기 두고 앉아 있었다. 사진 수업 담당 교사인 최훈 작가는 아이들이 자리에 앉은 것을 확인하고 바로 수업을 시작했다. 그렇지만 나를 포함한 비시각장애인 보조 교사들만 최훈 쪽을 바라볼 뿐 아이들의 얼굴은 최훈이 수업하는 방향은 상관없다는 듯 교실의 여기저기 서로 다른 방향으로 향하고 있었다. 나는 초등학교 때 즐겨 보았던 TV 애니메이션 '이상한 나라의 폴'처럼 마치 다른 차원의 세계로 빨려 들어온 것 같은 느낌이 들었다. 여긴 어디지? 난 여기서 무얼 해야 하지? 난 무얼 할 수 있지? 사진 교육을 오래 연구해 온 연구자라고? 미술교육자이자 연구자로서 나에 대해 가지고 있던 자부심과 신뢰감이 급격히 떨어짐을 느꼈다.

지금까지 난 상당 기간 사진 교육을 연구했고, 그 과정에서 관련 지식과 경험을 충분히 쌓았다는 자신감이 있었다. 그 자신감 때문에 정작 나는 시각장애 학생들에 대한 이해가 아주 부족하다는 점에 문제의식을 느끼지 못하고 시각장애 학교 사진 수업에 참여했다. 그들이 나와 다르다는 건 분명 알고 있었지만, 그건 차라리 모르는 것보다도 못한 '앎'이었다. 내가 이해한 그들과 나의 다름은 '내가 눈을 감아 버리면' 언제고 비슷한 상태가 될 수 있다는 정도의 얄팍한 수준이었다. 그들은 내게 '눈을 감고 무언가를 해야 하는 상당한 불편함을 지니고 살아가야 하는 사람'으로 내가 이해하지 못할 것 없는 대상이었다.

하지만 시각장애 학생들과 직접 만나자마자 나는 알게 되었다. 난 그들에 대해 생각한 것보다 훨씬 더 아무것도 모르고 있다는 것. 그리고 그건 노력한다고 극복될 정도의 다름이 아니라는 것. 무슨 신기한 구경을 기대하고 왔는지 모르겠지만, 뜻밖의 상황에 멀뚱멀뚱 어색하게 서 있는 내 모습이 스스로 너무 부끄러웠다.

제3장 시각장애 학생들의 사진 찍기

이상해도 너무 이상한 사진 찍기

사진 찍기를 좋아한다고 했지만 결국 아이들이 혼자서 할 수 있는 건 전원 버튼을 찾아 켜고, 셔터를 누르는 것뿐이었다. 흥미를 보이는 건 같은데, 무엇에 대한 흥미인지 알 수가 없다.

(2017. 5. 18. 첫 수업 성찰지)

책임 보조 교사 김선우는 지난해 사진작가인 최훈이 시각장애 학생들에게 사진을 가르칠 때도 함께 했었고, 오랫동안 사진 수업 외의 다른 미술 수업들을 직접 가르쳐 왔기 때문에 여러모로 경험이 많은 교사였다. 그래서 학생들에 대해서도, 학생들에게 사진을 가르치는 방법에 대해서도 김선우는 뭔가 아는 것이 많아 보였다. 그녀는 실제로 나를 포함한 풋내기 보조 교사들에게 시각장애 학생들을 어떻게 대해야 하는지 이것저것 알려 주기도 하고, 자기가 담당한 학생이 아니더라도 불쑥 나타나 우리를 대신하여 사진 찍는 법을 가르치기도 했다.

나는 새 학기가 시작되고 두 달이 지난 5월 18일부터 사진 수업에 참여했다. 학생들은 중간고사, 재량휴업일, 석가탄신일 등을 빼고 이미 여덟 번의 사진 수업을 받은 상태였다. 내가 사진 수업에 온 첫날. 김선우는 활짝 웃으며 "아이들이 사진 찍는 것을 참 좋아해요. 진짜 좋아해요."라고 나에게 말했다. 그 이후에도 같은 말은 몇 번 더 들었다. 나는 처음부터 그 말이 수수께끼처럼 들렸는데, 이후에 그 말은 더 이해할 수 없는 것이 되었다.

처음 김선우의 말을 들었을 때는 "사진 찍을 대상도 자기가 직접 볼 수 없고, 심지어 자신이 찍은 사진도 눈으로 확인할 수 없는데 '어떻게' 사진 찍는 걸 좋아할 수 있지?"라는 생각을 했다. 그리고 시각장애 학생들에게 사진 수업이 효과가 있는가보다 했다. 학생들이 사진기를 능숙하게 다룰 수 있는 것 같으니, 더 세심하게 살펴야겠다는 다짐도 했다. 그런데 이후 사진 수업에서 나는 너무나도 이상한 사진 찍기를 목격하게 되었다. 내가 지금까지 한 번도 경험해 보지 못한 정말 이상해도 너무 이상한 방법으로 사진을 찍는 시각장애 학생들을 발견할 때마다 난 김선우를 눈으로 찾았다. '김선우는 도대체 왜 나에게 그런 말들을 했을까?' 궁금했다.

수업 참여 첫날엔 난 모든 것이 낯설었기 때문에, 시각장애 학생들이 카메라에 어떻게 반응하고 있는지, 카메라를 어떻게 다루고 있는지 신경 쓰지 못했다. 하지만 두 번째 수업부터는 과연 이 학생들이 사진을 찍고 있기는 한 걸까 의심이 되는 장면들이 하나둘 보이기 시작했다.

영은이는 내가 두 번째 수업 참여차 갔을 때 새로 짝이 된 학생이었는데, 학기 말까지 쭉 내가 담당하는 학생이었다. 수업이 시작되고 교사가 디지털카메라를 주자마자 영은이는 전원 버튼을 찾으려는 것인지 여기저기 손가락으로 카메라를 더듬기 시작했다.

'오늘이 10번째 수업일 텐데, 아직 전원 버튼을 찾는 것도 힘든 건가?'

한참 동안 전원 버튼을 제대로 찾지 못하기에 나는 영은이의 오른쪽 검지 끝을 잡고, 전원 버튼 위에 올려주었다. 영은이는 이제 찾을 것을 찾았다는 생각이 들었는지, "사진 찰칵찰칵 찍고 싶어요."라며 처음으로 내게 웃어주었다.

영은이가 손가락 끝에 힘을 주고 버튼을 누르자 디지털카메라의 전원이 켜지며 "지잉~" 소리가 났다. 그러자 영은이는 두 손으로 카메라를 쥐고 자신의 가슴께로 가져갔다. 그리고 아직 사진 수업이 시작되지도 않았는데 찰칵, 찰칵, 찰칵 소리를 내며 사진을 찍기 시작했다. 나는 영은이가 한두 번 사진을 찍고, 카메라를 끄거나 책상 위에 내려놓을 줄 알았다. 그런데 웬걸! 영은이는 계속해서 사진을 찍었다.

카메라와는 한참 떨어진 곳에 위치한 영은이의 눈은 찰칵 소리가 날 때마다 열렸다 닫히기를 반복했다. 하지만 너무 살짝 열리고 닫히는 탓에 눈동자는 거의 보이지 않았고, 고개는 카메라 렌즈가 향하는 정면이 아닌 왼쪽 약간 아래쪽을 향하고 있어 무언가를 보고 찍는 것 같지 않았다. 계속 찰칵거리며 사진을 찍는 것도 이상했는데, 꼼짝하지 않고 서서 눈앞이 아닌 가슴 앞쪽에 카메라를 대고 찍는 바람에 영은이의 맞은편에 앉아 있던 은하가 한 번이 아닌 수십 장의 사진으로 찍히고 또 찍히고 있어 더욱 이상했다. 은하는 얼굴이 반쯤 잘린 채로 영은이의 카메라에 찍히고 있었다. 그래서 나는 영은이가 은하를 찍고 있는 것이 아니라고 생각했다. 내가 보기에 영은이는 아무것도 찍고 있지 않았고, 아무것도 제대로 찍을 수 없는 아이였다.

몇 분 후, 나는 영은이가 이대로 계속 사진을 찍게 놔두어서는 안 되겠다고 생각했다.

'사진 찍기를 당장 멈추게 해야겠어!'
'이건 사진기로 장난치는 거지 사진을 찍고 있는 게 아니야!'

영은이는 이미 순식간에 수십 장의 사진을 찍은 상태였고, 멈추지 않는다면 계속해서 그 의미 없는 사진들을 더 찍을 태세였다. 내가 아는 사진은 무엇을 찍을 것인지 고심하고 한 장 한 장 신중하게 찍는 것인데, 영은이는 수십 장씩 아무 고민 없이 찍고 있으니 그만 찍게 하는 게 맞았다!

나 : 영은아, 사진은 이따 찍어야지. 아직 사진 찍는 시간 아니야.

영은: (나의 말을 듣자마자 카메라를 뺏길까 봐 잡은 두 손에 힘을 주고 얼른 카메라를 나와 먼 쪽으로 휙 카메라를 돌리면서) 으…… 싫어요. 사진 찍고 싶어요.

나 : (영은이의 카메라 스크린에 은하의 모습이 잘리지 않고 온전히 잘 담길 수 있도록 영은이의 팔을 잡아 움직이며) 영은아, 그렇게 아무거나 막 찍지 말고…….

영은: (얼굴을 찡그리며 조금 큰 소리로) 사진 찍고 싶어요!

(2017. 5. 25. 수업 관찰지)

영은이는 막무가내였다. 카메라는 내게서 더 멀어져 이제는 영은이의 오른쪽 귀에 닿아 있었다. 카메라는 계속해서 "찰칵찰칵" 소리를 내며 사진을 찍고 있었고, 이제 영은이는 그 소리에 맞춰 작게 노래까지 부르고 있었다. 내가 어찌할 바 몰라 당황해하고 있었는데, 갑자기 영은이 카메라가 꺼졌다. 멀리 앉아 있던 김선우가 와서 영은이가 나로부터 피신시킨 카메라를 빼앗아 전원을 꺼버린 것이었다. 그 이후 전원 버튼을 다시 찾지 못한 영은이는 카메라를 책상 위에 올려놓고 엎드려 버렸다. 나는 김선우가 도와줘서 다행이라고 생각했다.

그 이후에도 말리지 않으면, 영은이는 약 500장에서 1,000장의 사진을 찍었다. 그런데 이상하게 사진을 찍는 것은 영은이 뿐만이 아니었다. 은하도 틈만 나면 책상 위에 카메라를 올려놓고, 렌즈는 천장을 향하게 하고 사진을 찍었다. 은하를 보조하는 교사들은[9] 은하가 그렇게 사진을 찍고 있는 걸 보면 꼭 한마디씩 했다. "은하야~ 카메라는 손으로 들고 찍어야지!" 은하는 그런 말을 들으면 카메라를 두 손으로 잡고 가슴과 턱 사이에 두고 웃었다. 그러면, 보조 교사들이 은하의 꼭 감은 눈앞에 카메라가 위치할 수 있도록 은하의 팔꿈치를 올렸다. 그러다 카메라 액정 화면에 친구들의 얼굴이나, 꽃 등이 잘리지 않고 잘 위치하면 친절하게 말했다.

"자, 은하야 지금 찍어!"

그 외에도 운동장에 나가 아무것도 없는 허공에 사진을 찍는 학생, 분명 무언가를 찍었다고 말하는데 실제 그 대상은 보이지 않는 사진을 찍는 학생, 그리고 가장 이상한 사진 찍기는 보조 교사들이 학생들을 대신해서 찍는 사진이었다.

---

[9] 원래 시각장애 학생들이 민감해서 자신을 도와주는 보조 교사가 자주 바뀌는 것을 좋아하지 않아 장기간 한 학생을 책임지는 보조 교사를 배정하는 것이 원칙이었으나, 자원봉사로 온 보조 교사들은 중간에 일이 생겨 그만두기도 하고, 개인적인 일정 때문에 빠지는 날도 많아 학생들은 자주 다른 보조 교사들과 사진을 찍어야 했다. 나의 경우 연구 기간 계속 참여하여 첫 수업만 빼고 두 번째 수업부터 다음 해 2월까지 영은이의 보조 교사가 되었다.

보조 교사들은 학생들이 괜찮은 사진들을 찍게 해주고 싶은 마음이 너무 커서인지 카메라는 학생들이 들게 하고, 정작 모든 결정은 자신들이 하는 사진찍기를 하고 있었다. 피사체를 결정하고, 카메라에 피사체가 잘 찍힐 수 있도록 카메라의 위치를 잡아주었다. 그래도 불안한지 때론 카메라를 든 학생의 손이 흔들리지 않도록 팔을 단단히 잡고 있기도 했다. 학생이 조금이라도 혼자서 사진을 찍어보게 하려는 보조 교사들은 학생 옆에서 카메라 모니터를 계속 살피면서 피사체가 카메라 프레임 안으로 잘 들어올 때까지 말로 코치를 했다. 그리고 "이제 찍어!"라는 교사의 목소리가 들리면 학생들은 그때 카메라 셔터를 찰칵 눌렀다.

> 이렇게 찍은 사진도 학생들이 찍은 사진이라고 말할 수 있을까? 자기가 무엇을 찍었는지, 어떻게 찍혔는지도 모르는 사진…… 이상해도 너무 이상한 사진찍기를 목격했다. 당황스럽다.
>
> (2017. 6. 1. 수업 성찰지)

토끼를 따라가다 이상한 나라로 빠져버린 앨리스처럼, 나는 '사진'을 쫓다 이상한 사진 세계로 들어오게 된 것 같았다. 이 '이상한 사진 세계'는 내가 기존에 알고 있던 '사진'에 대한 생각과 상(像)을 완전히 벗어난 것이었다. 무의미와 혼돈이 범벅된 이상한 나라에서 앨리스는 더 이상 '이상함'을 '이상함'으로 느끼지 않게 되지만, 나는 그러기 힘들 것 같았다. 이건 소설이 아닌 현실이었기 때문이다.

제3장 시각장애 학생들의 사진찍기

'의미 없는 사진 수업, 그만 둘까?'

사진 수업을 시작한 지 3달이 넘었지만, 학생들의 사진은 빨리 좋아지지 않았다. 아니 조금도 나아지지 않았다. 피사체의 대부분이 댕강댕강 잘려 나간 사진들이나 초점이 맞지 않은 사진까지는 이해할 수 있었다. 하지만 꽃을 찍었다는데 정작 꽃이 없는 사진처럼 무언가 찍었다는데 아무것도 찍히지 않은 사진, 한꺼번에 찍은 수백 장의 사진, 사진기를 눕혀 놓고 렌즈를 손가락으로 만지면서 사진을 찍는 학생들을 보면서, 나는 점점 '역시 시각장애 학생들에게 사진 수업은 안 되는 건가?'라며 포기를 떠올리기 시작했다.

나는 사진은 결국 피사체 그 자체라고 이해하고 있었다. 피사체를 통해 사진의 의미가 전달된다고 믿었기 때문이다. 철학자 메를로퐁티(Merlean-Ponty, 1907~1961)가 그림이나 사진 속 사물은 창작자의 마음을 끌어당긴 사물의 '말'을 숨기고 있다고 했던 것처럼 어떤 피사체가 선택되고 어떻게 찍혔는가를 확인하는 일은 창작자가 무슨 '말'을 하고 싶은가와 연관된다고 생각했다. 그렇게 반드시 전제되어야 한다고 내가 믿고 있었던 구체적인 피사체의 선택을 시각장애 학생들은 스스로 하는 것이 거의 불가능해 보였다. 설사 본인이 찍고자 한 피사체가 있더라도 주변의 도움 없이 그것을 사진 프레임 속에 넣어 찍지 못하는 경우가 대부분이었다. 시각장애 학생들의 사진 속에는 피사체가 제대로 찍히지 않거나, 찍었다는 피사체가 아예 빠져 있기도 했다. 그렇다면 그들의 사진은 제대로 '말'하지 못하는 것이며, 무언가 말하려는 의도조차 없을지 모른다고 난 생각할 수밖에 없었다. 그들의 사진 속엔 내 생각으로는 그저 우연히 포착된 피사체 이미지들만 가득했다. 그들이 찍은 사진은 사진처럼 보이지만 정작 사진으로서 가치가 하나도 없는 것이었다. 적어도 나에겐 그렇게 이해되었다.

> 2017년 6월 16일 영은이는 오늘 1,540장을 찍었다. 평균적으로 1,000장 이상의 사진을 찍는 것 같다. 그냥 반복적으로 셔터를 누르고 있는데 이걸 사진을 찍고 있다고 봐야 하는 걸까?
>
> (2017. 6. 16 수업 성찰지)

김선우는 아이들이 사진 찍는 것을 좋아한다고 말했지만, 그건 거짓말이거나 잘못 생각한 것이라는 의심이 들기 시작했다. 아이들은 사진 찍기를 좋아하는 것이 아닌, 그냥 사진기를 좋아하는 것 같았다. 그래서 나는 이 아이들이 사진을 찍는 것이 아니라 "그냥 아무것도 아닌 것을 그냥 하는 것"이라 생각했다.

> 나 : 영은아 사진 찍는 거 좋아?
> 영은 : 네.
> 나 : 왜?
> 영은 : 카메라가 좋아요!
>
> (2017. 6. 1. 수업 관찰지)

나는 매주 목요일 오후 일정을 비워 두고 이 사진 수업에 참여하고 있었다. 그렇지만 이렇게 '아무렇게나 사진을 막 찍는 아이들'을 연구하는 것이 무슨 의미가 있을까 하는 의심이 단 두 번의 수업 참여만으로 들기 시작했다. 나는 교수고, 사진 찍는 아이들과 그들의 사진을 연구하는 데 관심이 있어서 여기까지 온 것인데, 정작 사진을 배워도 자신이 원하는 피사체를 사진으로 찍지 못하는 이 시각장애 학생들 때문에 나의 귀중한 시간을 써야 하나 회의가 들었다.

> 나 : 그나저나… 맹학교에서 하는 사진교육은 좀 문제가 있을 것 같더라… 아직 2번밖에 안 가봤는데
> Q : 어… 그래? 좀만 이야기해 줘.
> 나 : 시각장애 아동의 특성을 잘 모르고 하는 수업이더라고…어느 정도 보이는 아이들을 위한 수업이고, 그 마저도 정상 아동들을 대상으로 한 수업을 그냥 적용하는 것 같았어.
> Q : 설마 하지만, 그럴 가능성도 있어.
> 나 : 아직 수업 운영하시는 사진작가분이 어떤 생각을 가지고 수업을 하시는지 구체적으로 듣진 않았지만… 교육적 효과는 거의 없을 듯 해…(중간 생략)… 보조 교사 없이는 아이들이 전혀 독립적으로 자기표현이 안 되거든…오히려 의존을 키우게 되는 것 같아.
> Q : 의미가 없어.
> 나 : 문제가 상당히 커….
> Q : 보조 교사 없이는 불가능하고, 보조 교사를 전제하고

하더라도… 교육적 의미 만들기로 나가는데 신기함 이상으로 나아가지 못해. 동의.

나 : 아이들이 수업 시간에 하는 활동이 거의 없어. 그냥 앉아 있기만 해… 사진기는 심심한 시간 중에 주어지는 장난감이야….

Q : 하… 어쩌냐… 그럼 이건 자기선전용밖에 안되지. 나 이런 신기한 일 한다.

나 : 사진 수업은 난… 폐지해야 할 것으로 봐. 극단적으로….

(2017. 5. 29. Q와의 카톡)

2. 보이지 않는 전쟁:
낯선 사진 찍기를 고집하는 학생들과의 충돌

은하 : 선생님은 보이잖아요!
나 : 가까운데 걸 잘 찍으려면…(은하는 말로 몸짓으로 거부의사를 밝히고 있는데, 보조 교사는 이를 알아차리지 못하고 결국 은하의 카메라를 손으로 잡고 조금 더 뒤쪽으로 옮김) 자, 이제 찍어봐.

(2017. 9. 14. 수업관찰지)

너무 이상해서 낯설기만 한 사진 언어를 고치지 않겠다고 고집하며 저항하는 아이들을 경험하며, 처음엔 그저 황당했다(본문 중)

제3장 시각장애 학생들의 사진찍기

그냥 모든 것을 다 해주는 나

책임감에 조금 더 버텨보기로 했지만, 매주 무기력함을 느꼈다. 처음엔 최훈과 다른 보조 교사들이 학생들을 가르치는 방식이 옳지 않다며 그들의 방식을 속으로 비난했다. 하지만 영은이의 보조 교사로서 나의 교육방식 역시 그들의 방법과 별반 더 나은 점이 없다는 걸 깨닫자 급격히 의욕이 떨어졌다. 나는 점점 영은이가 어떻게 해도 혼자서는 제대로 된 사진을 찍을 수 없다는 확신을 하게 되었고, 어느새 나도 영은이를 대신해서 모든 것을 다해주고 있었다.

> 오늘도 영은이는 아무것도 없는 공간에서 계속 셔터를 누르고 있었다. 난 "영은아 꽃 찍으러 갈까?" 물었고, 대답 없는 영은이의 팔을 잡아끌어 화단으로 데려갔다. 걸어가는 동안에도 영은이는 계속 사진을 찍었다. 나도 김선우처럼 잠시 영은이 몰래 카메라 전원을 꺼버렸다. 꽃 근처에 와서 다시 전원을 켜주고 찍어보라고 했다. 영은이는 "꽃"이라고 말하며 웃었다. 그렇지만 영은이의 카메라는 엉뚱한 곳을 찍고 있었다. 결국 나도 영은이 팔을 움직여 카메라가 꽃을 찍을 수 있도록 도와줬다. 이게 뭐 하는 짓인지…… 사진을 찍을 수 있게 가르친다는 것이 이런 것은 아닐 텐데…… 점점 자괴감이 든다.
> (2017. 8. 24. 수업 성찰지)

사진 수업에는 조금이라도 시력이 남아있는 영미랑 혜영이 둘만이 그래도 자신이 결정한 사진을 찍을 수 있었고, 사진 감상 활동에도 참여할 수 있었다. 그 외의 아이들은 안타깝지만, 어쩔 수 없이 보조 교사들의 도움이 반드시 필요해 보였다. 처음에 나는 학생들이 스스로 사진을 제대로 찍을 수 있게 지도해야 한다고 생각했던 것 같다. 하지만, 시각장애 학생들이 사진을 혼자서 찍는 것이 불가능하다는 생각이 점점 커졌고, 결국 나의 최선은 다른 보조 교사들처럼 사진을 혼자서 찍을 수 없다고 여겨지는 이 학생들을 위해 모든 것을 대신 해주는 '친절한 가르침'으로 변해갔다.

예술에 대한 것을 가르치고 배운다고 해서 그리고 창작 또는 감상과 같은 예술 관련 활동을 한다고 해서 예술교육의 필요충분조건을 갖추었다고 볼 수 없다. 마찬가지로 시각장애 학생들이 사진 관련 활동을 하고 있다고 해서 과연 사진교육이 이루어지고 있다고 말할 수 있을까? 나는 시각장애 학생들에게 왜 사진교육이 필요한지 그리고 이들에게 어떤 방법으로 사진을 교육할 수 있는지 스스로에게 더 치열하게 물어야 했을지 모른다. 하지만, 난 정말 막막했다. 너무 큰 벽에 갇힌 것 같았다. 나 역시 시각장애를 가진 학생들을 대신해 사진을 찍는 것과 다름없는 사실상 '모든 걸 내가 다 결정해서 하는 방법'을 쓰고 싶지 않았지만 다른 더 나은 대안이 없다고 생각했다. 어느 누가 오더라도 이 사진 수업에서 딱히 의미를 발견할 수도, 이 사진 수업을 개선할 방법을 찾을 수도 없을 것이라고 스스로를 다독이며 나는 그렇게 버텨내고 있었다.

제3장 시각장애 학생들의 사진찍기

저항하는 너

2학기 사진 수업이 시작되고 몇 가지 예상치 않은 사건을 경험하게 되었다. 내게는 너무나 이상해 보이는 방식으로 사진을 찍던 아이들이, 자신들의 방식을 교정하려고 하는 교사들에게 작은 저항을 시작한 것이다.

들뢰즈(Deleuze)가 언급한 사유를 강요하는 '기호'가 생성된다는 것이 이런 것일까? 영은이는 늘 어떤 면에서 반항적이었다. 요구되지 않는 방식으로 늘 사진을 찍고 있었기 때문이다.

최훈과 나 그리고 다른 보조 교사들이 고쳐 주려고 하면 잠깐 따르는 것 같지만, 곧 자기 방식으로 바로 돌아가곤 했다. 그 정도의 반항? 오늘은 달랐다. 도와주려는 내 팔을 뿌리쳤다. 한 자리에서 또 수십 장씩 사진을 찍고 있는 영은이에게 다른 것들도 찍으러 가자며 여느 때처럼 팔을 잡았을 뿐인데, 그 팔을 뿌리쳤다. '뭐지?' 하는 생각과 함께 그동안 사유 없이 관성적으로 이 아이들에게 사진을 가르쳤던(?) 방식에 균열이 생겼고, 빠르게 사유가 시작됨을 느꼈다. '생각해야 한다. 생각해야 한다. 난 이 아이에게 무어라 말해줘야 하는가? 이 상황은 도대체 무슨 상황인가?'

(2017. 9. 14. 수업 성찰지)

영은이가 "혼자 찍고 싶어요!"라고 말하기 시작했다. 그렇다면 지금까지 내가 이 아이를 도와주려고 노력했던 것들이 오히려 이 아이의 사진 찍기를 방해했다는 건지 도무지 이해되지 않았다. 혼자서 아무것도 제대로 찍을 수 없으면서 무엇을 혼자 하겠다는 건지 황당하기만 했다. 영은이 뿐만 아니라 다른 아이들도 자신들만의 사진 찍는 방식을 고수하려는 욕구는 생각보다 강했다. 곳곳에서 학생들의 저항이 목격되었다.

화단 벽돌 위에 카메라를 눕혀 놓고, 자기 손가락, 혀, 코 등을 찍으며 계속 웃고 있던 은하는 손으로 자기 앞에 있는 나무를 만져 보더니 얼른 카메라를 들어 나무줄기에 거의 닿을 정도로 바짝 대고 사진을 찍고 있다.

은하 : (완전히 신난 목소리로) 아~~~ 가깝다!
은하 보조 교사: (은하 카메라 쪽으로 손을 뻗으며) 그렇게 너무 가까이 대고 찍으면 안 된다고 했잖아.
은하 : (선생님 인기척을 느끼자 소리를 지르며) 선생님은 보이잖아요!
은하 보조 교사: 가까운데 걸 잘 찍으려면…(은하는 말로 몸짓으로 거부 의사를 밝히고 있는데, 보조 교사는 이를 알아차리지 못하고 결국 은하의 카메라를 손으로 잡고 조금 더 뒤쪽으로 옮김) 자, 이제 찍어봐.
은하 : (불만스러운 표정을 짓고 사진을 찍지 않음) ….
(2017. 9. 14. 수업관찰지)

나는 시각장애 학생들이 사진 찍는 방법이 너무 낯설어서 불편했다. 더 솔직하게는 '완전히 틀린 방식'이라고 생각했기 때문에 불편했다. 그들의 사진 찍는 방식은 내가 인정하기 힘든 방식이었다. 그래서 나는 그들의 낯선 사진 언어를 목격할 때마다 내게 익숙한 사진 언어로 바꾸려 했다. 그것이 이 아이들을 위한 사진 교육이라고 생각했다. 그런데 이렇게 너무 이상해서 낯설기만 한 사진 언어를 고치지 않겠다고 고집하며 저항하는 아이들을 경험하며, 처음엔 그저 황당했다.

하지만 역으로 그들의 예상치 않은 격한 저항은 내내 작동되지 않고 멈춰있던 '사진'에 대한 나의 사유가 다시 시작되도록 만들었다. 사유가 시작된다는 것. 그것은 기존의 지식과 경험으로는 도저히 이해할 수 없는 어떤 것과 마주쳤다는 것이다. 그렇기 때문에 그것을 이해하려면 이제 새로운 의미를 만들기 위한 사유를 시작해야 했다. 자신들이 원하는 방식대로 사진을 찍으려는 학생들의 저항은 바로 들뢰즈(Deleuze, 1925~1995)가 말했던 새로운 기호가 생성될 수 있는 사건의 발생이었다. 나에게 전혀 '기호'로 포착되지 않던 그들의 사진이 '기호'로 다가왔다. 그렇다면 그 기호가 전달하려는 '의미'를 찾아야만 했다. 사건 자체는 아무런 의미가 주어지지 않은 상태일 뿐이다. 사건의 의미가 어떻게 해석하느냐에 따라 학생들의 사진과 사진 찍는 방법을 대하는 나의 태도가 새롭게 결정될 것이다.

제 3 장 시각장애 학생들의 사진찍기

사진 교육이라는 이름의 폭력?

대개의 사진 수업은 어디에서 가르치느냐와 상관없이 "누구를 가르치느냐"를 고려하지 않고 "대상에 관한 연구"없이 즉, 학습자가 무엇을 원하고 무엇을 필요로 하는지에 대한 "배려" 없이, 소위 반드시 알아야만 한다고 여겨지는 내용을 모조리 담은 "바이블"과 같은 정본(正本, 定本)을 누구나 "다 똑같이" "익히면 된다"는 식이었다. 그래서 흔히 교수자가 "자신이 배운 것을 그대로 전달"하는 것이 가르치는 것이라고 여겨졌다. 그러한 방식에서 대상은 중요하지 않았다.

(윤지혜, 2018, pp. 73-74)

문화의 유형과 문화 제반의 문제를 기호학적으로 탐구하는 세계적인 문화기호학자 유리 로트만(Yuri Lotman, 1922~1993)은 오랫동안 '경계'로 구분된 중심 문화와 주변 문화의 소통 문제에 집중해 왔다. 그는 일반적으로 주변부에 즉, 중심 문화에서 멀리 동떨어져 존재하는 타자에 대해 중심 문화의 언어를 사용하며 살아가고 있는 '자아'는 낯섦, 혼란, 또는 두려움을 느끼게 된다고 설명한다. 또한 이런 경우 자아는 자신의 불편한 감정을 해소하기 위해 타자를 회피하거나 강압적으로 그들을 자아의 중심 언어로 포섭함으로써 동질화한다고 한다.

내 경우가 그랬다. 시각장애 학생들이 사용하고 있는 사진 언어는 내가 알고 있는 중심 사진 문화에서 사용되지 않는 언어였다. 따라서 그들이 자신의 방식으로 사진을 찍는 모습은 내게 너무나 낯설고, 혼란스러웠다. 하지만 이미 사진 수업에 장기간 참여하기로 약속한 나는 이 타자들을 회피할 수는 없었다. 그래서 가능한 한 빨리 이 학생들에게 내가 익숙하게 사용하고 있는 사진 언어를 가르쳐서 불편한 상태를 해소하려는 선택을 했던 것이다. 다행히도 그 선택은 '사진 교육'이라는 이름으로 정당화될 수 있기도 했다. 비시각장애인들이 사진기를 발명했고 오랫동안 사진 언어를 사용하고 발달시켜 왔기 때문에 시각장애인들이 우리의 시각 언어를 배우는 게 당연하다고 여겼다. 적어도 사진은 철저히 시각 중심의 표현 언어이기 때문에 내가 알고 있는 사진 언어가 그들의 사진 언어보다 우수한 것일 수밖에 없었다. 그래서 그들이 나의 사진 언어를 배워 함께 공유할 수만 있다면 내가 그들의 사진을 이해할 수도 있을 뿐만 아니라, 소통도 원활해질 것으로 생각했다.

하지만 예기치 않은 시각장애 학생들의 저항이 한 번도 작동하지 않았던 방향으로 나의 사유를 촉발한 것이다. '그들은 어째서 나의 지도를 순순히 받아들이지 않는가?'라는 질문은 '나'의 존재가 그들에게 낯섦과 혼란 그리고 두려움을 일으키는 '타자의 타자'일 수 있음에 대해 비로소 성찰해 볼 수 있게 했다. 그리고 그들에게 가르치려 했던 '나의 사진 언어' 역시 시각장애 학생들에게는 불편한 '타자의 이질적 언어'로 느껴질 수도 있음에 대해서도 다시 생각하게 되었다. 한 번도 의문을 품어보지 않은 질문을 스스로에게 하게 된 것이다.

로트만은 주변 언어를 중심 언어로 무조건 포섭하려는 시도는 두 문화의 '소통'을 오히려 불가능하게 만들 수 있음을 경고한 바 있다. 즉 비시각장애인인 내가 강요하는 사진 언어로는 시각장애 학생들은 자신을 제대로 표현하기 힘들 수 있으며, 이렇게 찍은 시각장애인들의 사진은 '소통'이 아닌 그들에 대한 왜곡된 '오해'를 불러일으킬 수 있는 것이다. 하지만 그들이 중심 사진 언어에 포섭되지 않으면, '사진 찍는 시각장애인'은 존재하지 않는 '비존재'[10]가 되어 버린다. '사진찍는 시각장애인'은 시각중심의 중심 사진 언어를 사용하여 사진을 찍을 때 비로소 그 존재를 인정받을 수 있는 것이다. 그렇기에 나는 그들에게 나의 사진 언어를 '교육'이란 이름으로 강요하였고, 그들만의 방식을 인정할 수 없었던 것이다. 그들이 비존재화된다면 그들을 대상으로 한 '사진 교육'도 유령화될 수밖에 없었다. 하지만 나는 비존재가 존재하지

---

10) 로트만은 '기호계(Semiospherem)'라는 독창적인 개념을 통해 지금까지 체계 바깥에 존재하는 이질성으로 타자성을 이해하던 방식을 단숨에 바꾸어 버렸다. '기호계'는 서로 다른 문화들 간의 수많은 경계들을 내부화시켜 문화들 간의 상관관계를 설명하려는 총체적 모델이다. 즉 늘 체계 '바깥'에 존재하는 것으로 여기던 이질적 타자성을 내부의 문제로 끌어들여 자아와 필연적 관계로 만들어버린다. 즉 경계 바깥에 존재하는 이질적 다자와의 소통은 선택적일 수 있지만, 그들이 자아와 함께 내부에 존재하게 되면 반드시 '소통'되어야만 할 대상이 된다. 기호계 내부에는 수많은 이질적 언어들이 무수한 내적 경계들과 함께 가득 차있다. 기호계 내부의 통합을 위해 수많은 이질적 언어들 중 가장 발달된 언어가 규범언어가 되어 기호계 전역으로 확장을 시도한다. 이때 이 중심언어로 자기를 구체적으로 표현할 수 없거나, 외국어처럼 느껴진다는 것은 곧 '타자화'됨을 의미한다. 이렇게 중심언어의 확장에 포섭되지 않으면 점점 문화의 주변부로 밀려나게 되며 '마치 존재하지 않는 것' 같은 배제의 대상이 된다. 이들은 분명 존재하지만 마치 존재하지 않는 듯 여겨지는 '비존재'이며, 이런 비존재화(유령화)의 문제는 이들을 대상으로 하는 행위조차 존재하지 않는 것으로 간주된다. 마치 비시각장애인들의 사진언어로 자신을 구체적으로 표현할 수 없게 된다면 '사진찍는 시각장애인'은 분명 존재하지만 존재하지 않는 것처럼 여겨지는 비존재가 되는 것이다. 그렇게 되면 그들을 대상으로 한 '사진교육' 역시 유령화될 수밖에 없다.

않는 존재가 아니라 '분명 존재하지만 존재하지 않는 것처럼 여겨지는 존재'일 수 있다는 점을 떠올려야 했다. "혼자 사진 찍고 싶어요."라고 내 팔을 뿌리친 영은이의 입장에서는 자신은 분명 자신의 사진 언어로 계속 스스로를 표현하고 있는 '사진 찍는 시각장애인'이었다. 그렇지만 내게 영은이는 '사진을 찍지 못하는 시각장애인'으로만 보였고, 그래서 '사진 찍는 시각장애인'이 될 수 있게 교육한다는 선의의 취지를 방패 삼아 제지, 교정, 방해, 강요 등을 아무 거리낌 없이 사용했다.

나는 내가 가지고 있는 '사진 교육' 연구 경험과 지식이 시각장애 학생들의 '다름'과 '차이'를 이해하면서 그들에게 사진을 가르치는데 분명히 도움이 될 거라 생각했지만, 오히려 그것은 독으로 작용했다. 시각 중심 세계에서 사진을 배우고 경험하며 내가 사용하는 사진 언어와 사용법에 대해 강한 확신을 가지게 된 내게 시각장애인들이 사용하는 사진 언어를 '새로운 가능성'을 지닌 사진 언어로 고려할 능력은 아예 퇴화한 상태였다. 사진교육 연구자로서, 이 사회의 다수를 차지하고 있는 소위 비시각장애인으로서 은연중에 시각장애 학생들을 사진을 잘 찍을 수 없는 무능력한 학습자로 규정하고 있었다. 그런 생각을 가지고 나는 아마 더 나은 사진 언어를 가르쳐 주겠다며 학생들에게는 불편한 사진 찍는 방법을 마치 대단한 기술인 양 가르치려 했을지 모른다. 그들이 느꼈을 답답함과 지루함을 생각하자 어떻게 그런 태도를 연구자로서 가질 수 있었을까 섬뜩하고 답답한 마음이 뒤늦게 들었다.

> 지금 생각해 보니, 이미 일찍부터 아이들은 사진이 자신들에게 어떤 의미인지 계속해서 표현하고 있었다. 그걸 내가 감지하지 못하고 있었을 뿐. 왜냐하면 내게 '사진'은 [그들이 이해한 것과는] 다른 의미였고, 그 의미가 맞다고 생각했기 때문에 그들에게 사진이 어떤 의미인지는 중요하지 않았다. 그래서 들으면서도 듣지 않고, 보면서도 보지 않았다. 그런 무심함과 고민 없이 이루어지는 일방적 친절이 폭력이 아니라고 말할 수 있을까?
>
> (2017. 9. 30. 수업 성찰지)

'친절'과 '배려' 혹은 '교육'의 이름으로 가려져 있던 나의 폭력성은 이런 일방적 태도에서 비롯되고 있었다. 엠마뉘엘 레비나스(Emmanuel Levinas, 1906~1995)는 자아는 타자를 이해하기 위해 자아 중심의 문화로 포섭하려 하는데, 자아와 절대적으로 다른 타자를 '자아'로 환원시키는 과정에서 결국 타자는 소외된다고 하였다. 따라서 타자의 '소외'를 극복하기 위해서는 결국 타자를 주체인 자아로부터 절대적으로 분리된, 완전히 밖에 있는 존재로 두는 '타자 지향성 교육'이 필요하다고 주장하였다. 나는 그저 사진 수업 자체를 목적에 두고 있었다. 사실 시각장애 학교 사진 수업에서 '사진'은 학생들의 자기이해나 성장, 그리고 발달의 도구가 되어야 하는데, 그저 학생들에게 중심 주체로 여겨지는 비시각장애인들의 방식으로 사진을 제작해 보는 것 자체가 목적이 되면서 시각장애 학생들은 정작 자신들이 찍는 사진으로부터 소외되는 상황이 벌어졌다. 시각 능력이 나와 다르다는 것을 분명히 알고 있다고 하면서 시각 중심의 사진 언어를 더욱 강하게 강요하는 폭력의 아이러니를 범하는 내가 그 중심에 있었다.

3. 휴전:
낯선 사진 찍기를 그냥 낯설게 두기

사실 영은이와 영은이가 찍는 사진을 내가 노력만 하면 이해할 수 있을 것이라는 자신감이 있었다. 시간은 걸리겠지만, 이해 못 할 것도 없다고 생각했다. 하지만 그런 생각마저도 내려놓고, 완전히 텅 빈 상태의 내가 되지 않으면 영은이가 찍은 사진이 만들어내고 있는 의미가 무엇인지 접근조차 할 수 없겠다는 생각이 들었다.

오늘 영은이와 운동장에서 사진을 찍고 있었다. 영은이가 갑자기 카메라를 들지 않은 손을 쭉 뻗어 허공을 이리저리 천천히 더듬었다. 처음엔 누굴 보고 인사를 하나 싶었는데, 인사를 하는 손이라고 보기 힘든 아주 느린 움직임이었다. 손 움직임의 반경이 조금씩 줄어들더니 결국 멈추었다. 그리고 다른 손으로 들고 있던 카메라를 허공에 멈춰 있는 손 쪽으로 올리더니, 찰칵 사진을 찍었다.

그리고… "따뜻해."라고 속삭이듯 말했다.

뭘 하는 건가 싶어 나도 눈을 감고 손을 올려 영은이처럼 허공을 더듬어봤다. 아! 손끝에 따뜻한 공기의 결이 느껴졌다. 다른 곳에 비해 아주 조금이지만 분명하게 따뜻함이 느껴지는 곳이 있었다.

눈을 뜨자 손을 뻗고 걸어 다니는 영은이 뒷모습이 보였다. 영은이는 나와 완전히 다른 세계에 살고 있었다. 내가 알고 있는 세계에서 사진을 찍는 것이 아니었다.

(2017. 10. 12. 수업 성찰지)

제3장 시각장애 학생들의 사진찍기

아는 것 없음을 인정하기

레비나스는 타자를 '또 다른 자아'가 아니라는 점을 분명히 할 때 비로소 타자와 만날 수 있다고 했다. 외부 세계는 자아가 자신의 의식 속에 구성한 세계로서만 인식될 수 있다. 따라서 타자를 이해한다는 것은 자신이 구성한 타자, 결국 자신과 비슷한 것으로 인식하는 것이기 때문에 결국 타자는 타자 그 자체로 이해될 수 없다. 따라서 자아는 타자를 이해될 수 있는 대상이 아닌 자아의 한계를 드러내고, 자아의 공고한 폐쇄성을 벗어나 세계를 다른 방식으로 볼 수 있도록 도와주는 존재로 보아야 한다. 그렇다면 시각장애 학생들과 그들이 찍는 사진 세계를 이해하기 위해 결국 내가 구성한 의미를 답습하여 타자성을 상실시키는 방식은 배제해야 했다. 이해할 수 없는 것에 대한 공포로 성급히 내가 이해할 수 있는 수준의 의미로 해석하기보다 그 공포를 버텨내고 극복할 수 있을 때 비로소 시각장애 학생들과 그들의 본질적 존재가 반영된 사진이 가진 의미가 새롭게 생성되는 순간과 만날 수 있었다. 나는 그때를 기다려야 했다.

> 타자는 본질적인 신비로서 마주친다. 타자는 알려지거나 인식될 수 없다 …… 타자를 친숙한 것으로 만들지 않고 그리하여 더 이상 타자가 아닌 것으로 만들지도 않으면서 타자의 본질적 낯섦을 유지하는 타자에 대한 논의는 어떻게 가능한가?
>
> (Davis, 2014, p. 53)

질적 연구자에게 가장 기본적으로 요구되는 판단중지를 실행하는 것은 절대 쉬운 일이 아니다. 연구자 혼자서 달성할 수 있는 일도 아니다. 현장과 연구 참여자는 연구자로 하여금 자신의 선입견과 편견과 마주치게 하며, 연구자가 어떤

'판단'을 하는지 드러내고, 판단을 '중지'시킴으로써 있는 그대로의 현상을 최대한 볼 수 있도록 한다. 이때 연구자는 비로소 '질적 보기'가 가능해지는 것이다. 그리하여 시각장애 학생들과 그들의 사진을 질적으로 보기 위해 나는 판단을 중지하고, 그들에 대해 차라리 아무것도 모른다는 것을 인정하기로 했다.

휴전.

제3장 시각장애 학생들의 사진찍기

'너'의 사진, 그냥 낯설게 두기

일단 학생들의 사진과 그들이 선택한 사진 찍는 방법에 대한 나의 판단을 모두 중지하기로 했다. 낯설게 보이는 것에서 새로운 사진 언어가 발생할지 모른다는 열린 자세를 견지하기로 했다. 로트만은 중심 언어로부터 이탈된 주변화된 타자가 역으로 중심이 지닌 한계를 폭로할 수 있는 중요한 존재로 보았다. 그는 중심 언어가 약화된 주변부를 오히려 새로운 언어가 생성될 수 있는 역동적인 장으로 보았으며, 중심 언어로부터 상대적으로 자유로운 타자들이 생생하게 사용하는 언어에 집중한다면 창조적 잠재력을 발견할 수 있을 것이라고도 했다. 그렇다면 내가 그동안 사진 문화에서 이탈되어 있던, 소외되어 있던 시각장애인들이 사용하는 사진 언어가 내가 지금까지 미처 인식하지 못했던 나의 사진 언어의 한계를 보여줄 수도 있을지 모른다는 생각이 들었다. 그래서 그들에게는 자연스럽지만, 나에게는 낯설고 불편한 사진 찍기를 '금지'하거나 바꾸려고 하지 않고 그냥 집중해 보기로 했다. 하지만 그것은 결코 말처럼 쉬운 일은 아니었다.

> 나는 도대체 이 아이의 사진 찍기에 대해 아는 것이 하나도 없으면서 '잘못되었다'고 생각만 했을까? 알지 못하는데 잘못되었다는 건 어떻게 안단 말인가? 영은이의 사진찍기는 내가 모르는 세계 너머에 있다는 생각이 들었다. 그 세계에선 그 방법이 맞을 수도 있다는 생각을 하자… 궁금해졌다. '잘못됐어!'가 아니라 '왜?'라는 궁금증이 커졌다.
>
> (2018. 2. 20 일기)

영은이와 친구들의 낯선 사진 찍기를 그냥 두기로 마음먹자, 신기하게도 '궁금함'이 시작되었다. 시각장애 학생들을 내가 이해할 수 있는 세계로 오게 하여 사진을 찍게 하려는 게 아니라, 내가 한 번도 가보지 않은 경험해 보지 못한 세계에서 사진을 찍고 있는 아이들을 이해하려고 하니 난 사력을 다해 상상을 해볼 수밖에 없었다. 마치 그건 영어를 처음 배우기 시작했을 때, 처음 본 단어들이 가득한 문장들을 해석하던 것과 같았다. 분명 모르는 단어들을 모두 사전에서 찾아 의미를 확인했는데도 불구하고, 내용이 완벽하게 이해되지 않는 답답함과 유사했다. 나의 시각 중심 사진 언어로 학생들의 사진을 동일화시키지 않고 모순된 사진 문법으로 두려고 하자 영은이의 카메라는 지루함을 달래는 악기가 되기도 했으며, 그들의 카메라는 보이지 않는 피사체를 찍을 수 있는 도구가 되기도 했다. 이제 그들 손에 들려진 카메라는 내가 지금까지 알고 있던 그 카메라가 아니었다.

제3장 시각장애 학생들의 사진찍기

낯선 사진의 잠재성에 대해 고민하는 나

2학기가 시작되고 학생들의 저항을 겪으며, 새로운 고민과 그로 인한 몇 가지 결심을 하게 되었던 탓일까? 시각장애 학생들의 사진 찍기를 편하게 대할 수 있게 되었다. 이제 나는 예전처럼 '이상해.' 혹은 '이렇게 사진을 찍으면 안 되는데!'라는 생각을 바로 떠올리지 않게 되었다. 그렇게 나는 점점 침착해졌다. 영은이와 다른 시각장애 학생들이 어떤 피사체를 찾아 사진을 찍는지 전보다 더 차분하게 궁금해하며 관찰하고 또 관찰했다. 그리고 이들의 낯선 사진 언어가 가진 잠재성을 포착할 수 있는 순간들을 기다렸다.

사진 수업을 참관하기 시작한 지 여섯 달이 지난 어느 날 영은이가 찍은 천 장에 가까운 사진들을 처음으로 그냥 지워버리지 않고 모두 내려받아 컴퓨터에 저장한 뒤 '보통 아이콘' 크기로 열어 보았다(그림 1). 그냥 아무 생각 없이 카메라 셔터를 누르면서 걸어 다니는 것으로 생각했는데, 놀랍게도 영은이의 사진들은 영은이가 어떤 공간에서는 멈춰 서서 오랫동안 많은 사진을 찍고, 어떤 곳은 그냥 빠르게 스쳐 지나갔는지 보여주고 있었다. 그제야 비시각장애인들은 의미 있는 피사체를 찾아 '잘 찍은 사진 한 장'을 만들지만, '영은이는 다른 방식으로 자신에게 의미 있는 피사체를 표현하고 있는 것은 아닐까?'라는 생각이 들었다. 즉 나의 사고는 영은이에게 의미 있는 피사체는 '한 장의 사진에 무엇이 어떻게 찍혔는가?'로 확인될 수 있는 것이 아니라 '얼마나 많은 사진에 찍혔는가?'와 관계가 있을지 모른다는 데까지 이르렀다. 나는 영은이의 수백, 수천 장의 사진을 진지하게 살피기 전까지 '사진에 찍힌 이미지와 동일한 이미지들의 개수가 만들어내는 기호의 의미'를 미처 포착하지 못하고 있었다.

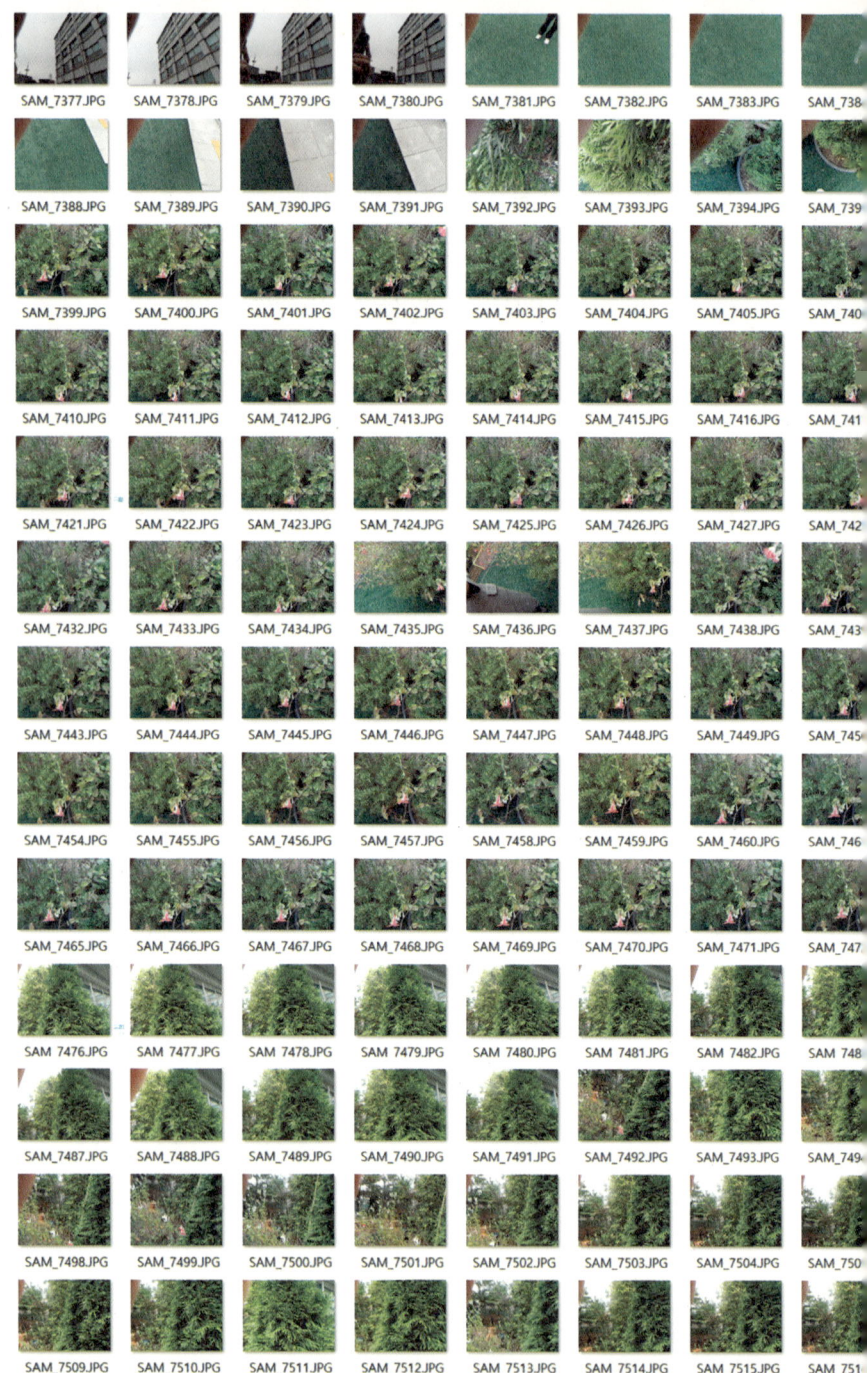

<그림 1> 보통 아이콘으로 열어본 영은이의 사진(일부). 2017. 10. 26.

근대 사진의 대부 카르티에 브레송(Henri Cartier-Bresson, 1908~2004)이 1952년 출판한 사진집의 제목인 '결정적 순간'은 사진사에서 가장 유명한 표현으로 현재까지도 큰 영향력을 지닌다. 그는 카메라 렌즈에 포착되는 이미지는 끊임없이 움직이는데, 그 수많은 이미지 중에는 시간을 초월한 형태, 그리고 표정과 내용의 조화로움이 최고조에 도달하는 순간이 존재한다고 주장했다. 우연히 만날 수 있는 절정의 완전한 그 순간을 사진으로 찍는 것이 사진 예술성의 핵심이라고 했다. 브레송 이전에도 이

후에도 많은 사람들이 사진 한 장에 '결정적 순간'을 담으려는 노력을 기울였다. 바로 이 '결정적 순간'을 포착한 사진에 매료됐던 나는 지금까지의 사진예술이 늘 단수의 사진으로만 이루어져 온 것은 아니었다는 점을 간과하고 있었다. 예를 들면 사진의 역사에서 가장 혁신적인 사진작가 중 한 명으로 알려진 라즐로 모홀리 나기(Laszlo Moholy-Nagy, 1895~1946)는 일찍부터 카메라를 타자기에, 사진은 글에 비유하며, 많은 사진작가들이 이미 오래전부터 사진 한 장에 말을 담을 것인지, 아니면 같은 이미지 수백 장으로 말을 강화할 것인지 고민했다고 말했다.

그렇다면 하루에 사진을 천 장 가깝게 찍는 영은이는 사진의 개수로 자신이 어디에 머물고 싶었는지, 거기서 무엇과 마주하였는지, 그 대상이 영은이에게 얼마나 중요한 의미였는지 말하는 것일 수 있었다. 영은이의 결정적 순간은 '시각적 찰라'가 아닌 '자신에게 다른 감각으로 전해지는 무언가를 느끼고 이해하기 위해 필요한 좀 더 긴 시간'과 같은 내가 생각지 못한 완전히 다른 차원의 결정적 순간일 수도 있겠다는 생각이 들었다.

영은이와 친구들이 찍은 사진 중에서 이해가 되지 않는 또 다른 유형의 사진은 무언가를 찍었다고 하는데 정작 사진 이미지에는 그 대상이 존재하지 않는 사진이었다. 베이컨(Francis Bacon, 1902~1992)의 회화가 '감각의 표현'이라고 한 들뢰즈의 주장으로부터 시각장애 학생들의 구체적 실체가 없는 사진의 의미를 해석할 실마리를 찾을 수 있었다. 그는 표현을 잠재성(virtuality)과 그 분화를 끌어내는 생성(becoming)의 논리로 보았다. 즉 잠재성은 현실에 분명 실재하고 있지만 개인이 알지 못하는 세계로, 잠재성과 현실성은 공존하고 있다는 것이다. 보통 실재(reality)를 눈에 보이는 현실만을 의미한다고 생각하지만, 들뢰즈는 눈에 보이지 않는 즉, 존재하지만 의식하지 못하는 세계인 잠재성도 언제라도 현실성으로 분화될 수 있다는 점에서 실재로 여겼다. 하지만 이 잠재성을 포착하기 위해서는 감각(sensation)을 필요로 한다. 들뢰즈는 베이컨의 회화를 잠재성을 포착한 감각의 실재를 표현한 작품으로 보았다. 베이컨 회화 속 형상들은 대상이 무엇인지 알 수 없게 표현되어 있다. 어떤 것의 이미지도, 모사도 아닌 그저 이미지 자체이다. 즉 어떤 것의 재현이 아닌, 존재하지만 의식하기 힘든 어떤 모호한 것에의 감각을 표현하기 때문에 명확한 형태(form)가 아닌 형상(figure)만 남아 있는 것이다.

그렇다면 시각장애 학생들의 사진에 구체적 피사체가 확

인되지 않는다고 하여 '아무것도 표현하지 않았다'라고 단정 지을 수 없는 것이었다. 만약 그들의 사진이 분명히 실재하고 있지만 우리가 아직 의식하지 못한 어떤 '잠재성'을 감각하고 찍은 것이라면 말이다. 시각장애 학생들의 사진에 대한 생각이 여기까지 미치자, 내가 무엇을 놓치고 있었는지 하나씩 일상에서 드러나기 시작했다.

> 첫 번째 사진은 꽃을 찍은 사진이고요. 두 번째 사진은 운동장을 찍은 사진이에요. 지금은 빈 운동장이지만 아이들이 있는 것 같아요. [체육대회 때] 아이들이 진짜 신나게 뛰어놀았거든요. 모두 춤도 췄고요. 그 아이들을 찍었어요.
>
> (2017. 9. 21. 혜영이와의 인터뷰)

혜영이의 사진에 '꽃'이 없는 이유는 꽃향기를 감각하고 그것을 찍은 것이기 때문이었다. 나는 꽃향기를 꽃에서만 난다고 생각하고 있지만, 실제 꽃향기는 꽃 바로 옆에만 존재하는 것은 아닐 것이다. 그래서 혜영이도, 영은이도 허공에 카메라를 대고 사진을 찍으며 '꽃'을 찍는다고 말했던 것이다. 혜영이의 두 번째 사진에는 아무도 없는 빈 운동장이 찍혀 있었지만, 분명 혜영이는 그 운동장에서 작년 체육대회 때 함께 뛰고, 춤추고, 웃고, 떠들던 친구들에 대한 감각을 한 것임이 틀림없었다. 비시각장애인인 나에게 혜영이의 사진은 '빈 운동장'으로만 보일 테지만, 혜영이는 자신의 사진을 통해 '친구들이 꽉 차 있는 운동장'을 분명 떠올릴 것이다. 그렇다면 이 두 사진을 아무것도 찍지 않은 사진이라고 말할 수 있을까?

시각장애 학생들의 사진의 잠재성이 무엇일지 고민하며, 나는 그들의 사진이 피사체는 '눈'으로만 찾을 수 있는 것이 아님을 깨닫게 해주는 중요한 '표현'이라는 생각을 하게 되었다. 그들에게 사진기는 자신이 어딘가에서 무언가를 감각했다는 것을 알리는 신호일 수 있다. 우리에게 사진기는 '찰칵'하는 소리보다 무엇이 어떤 이미지로 찍혔는지 그 빛의 화학적 작용이 중요할지 모르지만, 시각장애 학생들에게는 오히려 '찰칵' 소리가 더 의미 있을 수 있다. 그들은 '찰칵' 소리와 함께 자신에게 의미 있게 감각한 것이, 바로 그곳에 있었음으로 기억해 두는 것일 수도 있었다. 그게 무엇이었는지 학생들은 소통하려고 하는데, 나와 나를 포함한 '우리들'은 그들의 사진에 대해 아는 척하며 실제로는 아무것도 알아차리지 못했다. 그들은 따뜻함과 밝음과 바람과 소리 그리고 향기와 추억 등을 발견하고 찍고 있는데 우리는 계속 다른 이야기를 하고 있었다.

그들의 사진도 어떤 의미에서 '관찰과 선택의 결과물'임에 틀림없었다. 그들이 보지 않고 한 선택이라 하여 과연 내가 그 선택이 틀렸다고 말할 수 있을까? 시각장애인들의 사진은 지금까지 비시각장애인들이 인식하지 못한 다른 방식으로 세계를 이해하고 표현할 수 있음을 보여준다. 이 중요한 메시지는 내가 지금까지 사용하던 방식의 사진 언어를 고집한다면 결코 발견될 수 없는 것이었다. 수업 참관 초기에는 시각장애 학생들과 그들의 사진을 자아 동일화 작업으로 표상하여 이해하다 보니, 낯선 것들이 모두 지워져 버려 결국 아무것도 남지 않게 되었고, 그래서 나는 그 사진에 아무것도 없다고 생각했다. 내가 의미를 지우거나 보지 않고, 의미가 없다고 생각하는 꼴이었다.

4. 공존:
사이-존재로서의 비시각장애인 사진 교육 연구자되기

문득 '진짜 시각 말고 다른 감각으로 피사체를 찾아 사진을 찍을 수 있을까? 나도 그게 가능할까?' 하는 생각이 떠올랐다.

(본문 중)

제 3 장 시각장애 학생들의 사진찍기

'볼' 줄만 알다가 '보는 것 너머'로

시각장애 학생들의 사진이 의미를 해석해야 할 '기호'로 인식되면서, 나는 내가 '볼' 줄 아는 능력을 지녔다고 해서 사진 수업에서 주도권을 전적으로 가질 수 없음도 깨닫게 되었다. 나 자신을 '볼' 줄만 아는 이로, 그리고 시각장애 학생들을 '볼' 줄도 모르는 이가 아닌 '볼' 줄만 모르는 이로 재정의 하자, 그렇게 낯설고 이상하기만 하던 사진 수업의 상황들이 조금씩 '보는 것 너머'의 세계로 떠나는 모험처럼 여겨졌다. 매주 수업을 관찰하고 기록하고 성찰하면서, 시각장애 학생들이 사용하는 사진 언어와 그 문법을 조금씩 독학하듯 익혔다. 완벽히 소통이 가능할 만큼은 아니라 여전히 그 의미가 해석되지 않은 채 남아 있는 '비대칭적 소통'이었지만, 적어도 시각장애 학생들과 다른 비시각장애인들과의 가교 구실을 할 수 있을 정도로 나는 천천히 모순된 사진 문법을 깨쳐가고 있었다.

> 영은이는 오늘은 운동장을 여기저기 걸어 다니다가 커다란 화분 앞에 멈춰 섰다. 그 앞에서 한참 동안 사진을 찍었다. 자신의 앞에 놓인 식물의 움직임, 냄새 등을 사진 셔터를 누르며 충분히 느끼려는 것처럼 보였다. 오랜 참선 끝에 마침내 깨달음을 얻은 구도자처럼 한참을 그렇게 서서 사진을 찍더니 내게 "이제 가요!"라고 말했다. 그리고 또 다른 곳으로 무언가를 발견할 때까지 걷고 또 걸었다. 이제는 영은이의 전원 버튼을 절대 그냥 꺼버릴 수 없을 것 같았다.
>
> (2017. 11. 9. 수업 관찰지)

사진을 다 찍고 돌아온 영은이에게 새로운 사진 강사 박정민은 "어떤 사진 찍었는지 말해줄래요?"라고 물었다. 영은이는 짧게 "하늘, 라벤더 향"이라고 답하며 웃었다. 박정민은 하늘이랑 라벤더꽃을 찍은 것이냐고 다시 물었지만, 영은이는 웃기만 하고 대답하지 않았다. 나는 옆에서 박정민에게 오늘 영은이는 따뜻한 하늘을 찍었고, 라벤더 향기를 찍었다고 말씀드렸다. 영은이의 사진을, 모순어법을 사용하여 소통할 수 있도록 번역하려고 시도했다. 박정민은 무슨 말인지 잘 이해하지 못하는 표정이었다.

나는 이제 영은이의 사진에는 내가 볼 수 있는 피사체뿐만 아니라 따뜻한 공기나 꽃의 향기 같은 보이는 것 너머의 피사체가 찍혀 있을 수 있다는 것을 조금은 이해하게 되었다. 영은이와 친구들이 비시각장애인 교사들이 제공한 카메라를 가지고 자신만의 탐색을 통해 사진 언어를 능동적으로 만들어 나가고 있다는 것을 힘들지만 인정해야만 한다는 것도 깨닫게 되었다.

제 3 장 시각장애 학생들의 사진찍기

모순된 사진 문법 사용해 보기

시각장애 학교 사진 수업을 참여 관찰한 지 2년째 되던 2018년 초가을, 조금 피곤했던 나는 거실 의자에 몸을 기대고 눈을 감고 있었다. 그런데 순간 나의 뺨에 바람이 시원하게 와 닿는 것을 느꼈다. 난 바로 눈을 뜨지 않은 채 또 다른 것들도 느껴지는 지 좀 더 신경을 집중해 보았다. 멀리서 세탁기는 탈수 단계가 시작되었는지 윙윙윙 더 빠르게 회전하는 소리가 들렸고, 그 울림이 몸으로 느껴지는 듯했다. 16

층 아파트 아래 좁은 도로를 달리는 자동차들의 소리도 약하게 들려왔다. 소리가 들리자 몸도 함께 도로를 달리는 듯했다. '이렇게 내 감각세포들이 평소에도 적극적으로 작동하고 있었구나!' 하는 놀라움이 밀려왔다. 눈을 감고, 주변을 살피기로 마음먹자, 시각 대신 다른 감각들이 하나하나 민감하게 살아나는 것 같았다. 귓구멍과 콧구멍이 마치 평소의 5배 이상 더 커진 것처럼 기능했고, 온몸의 촉각 세포들이 마치 촉수처럼 여기저기를 훑었다.

문득 '진짜 시각 말고 다른 감각으로 피사체를 찾아 사진을 찍을 수 있을까? 나도 그게 가능할까?' 하는 생각이 떠올랐다. 시각장애 학생들이 사진을 찍을 때 내가 평소에 쓰지 않는 감각들을 사용하는 듯한 장면들을 여러 번 목격했지만, 그 방법을 내가 사용할 것이라는 생각은 단 한 번도 한 적이 없었다. 그들이 나와 다른 사진 언어를 사용할 수도 있다는 것까지는 인정할 수 있었지만, 내가 적극적으로 그들이 사용하는 낯선 사진 언어를 사용하는 것까지는 상상할 수 없었기 때문이다. 꽤 열린 마음과 시각을 갖게 되었다고 느끼고 있었지만, 여전히 시각장애 학생들의 사진 찍는 방법은 그들에게나 필요하지, 나에게는 그다지 도움이 되는 방법이 아니라고 무의식적으로 여기고 있었던 것 같다. 그때까지도 '사진은 눈으로 피사체를 찾아서 찍어야 하는 건데, 그게 힘들 때 차선책으로 다른 감각들을 사용할 수도 있다.'라고 여기고 있었던 것 같다.

그래서인지 막상 '시각장애 학생들처럼 눈을 감고 사진을 찍어봐야겠다.'라는 결심을 했을 때 '굳이 이렇게까지 해야 할 필요까지는 없잖아?'라는 내부의 소리가 나를 계속 멈추려고 했다. 너무 어색했고, 나 혼자 있었는데도 어쩐지 우스꽝스러워 손발이 오글거리고 얼굴이 화끈거렸다. 일단 눈을 살짝 뜨고 의자에서 일어나 휴대전화 사진기를 켰다. 다시 눈을 감고 두 손으로 휴대전화를 잡아 가슴께까지 올리고 영은이처럼 거실 여기저기를 천천히 걸어 다니면서 사진을 찍기 시작했다.

갑자기 거실 어딘가에서 온도가 다른 바람과 마주쳤다. 얼굴에 닿는 공기의 흐름과 흔들리는 머리카락 등에 온 신경을 모으고, 마침내 우리 집에서 가장 상쾌한 바람이 느껴지는 곳을 찾았다. 나는 눈을 꼭 감은 채로 휴대전화 렌즈에 내가 발견한 그 바람이 부딪히는 것 같은 느낌이 들 때, 얼른 버튼을 눌렀다. "찰칵" 소리가 들리지 않아, 손가락을 조금씩 움직이며 다시 버튼을 찾아 몇 번 눌렀다. 경쾌한 "찰칵" 소리가 드디어 사진이 찍혔다는 것을 알려주었다.

　나는 마음속으로 '설마 바람 같은 게 찍혔겠어?'라고 생각했다.

　그림 2는 그때 찍은 사진으로 나는 눈으로 보이지 않는 바람이 분명히 내 사진 안에 찍혀 있는 것을 발견하고는 깜짝 놀랐다. 바람을 찾아 사진을 찍고 난 이후에는 밝음이나 따뜻함을 탐색하는 사진과 소리로 피사체를 찾는 사진도 연달

〈그림 2〉 '시원한 바람'을 찍은 사진(2018. 9. 20)

아 시도해 보았다. 그 결과에 나는 진심으로 놀라움을 느꼈다. 그리고 내가 지금까지 알고 시도했던 사진 표현들이 어떤 경계 안에 머물러 있었는지 확실히 깨달을 수 있었다. 나와 전혀 다른 사진에 대한 생각, 사진을 표현하는 데 사용하는 그들만의 사진 언어가 있다는 것을 그저 '인정'하는 것과 그들이 생각하는 사진의 기능이나 역할을 나의 맥락에도 적용해 보고, 그들이 사용하는 사진표현 언어를 그들처럼 똑같이 사용할 수는 없겠지만, 사용해 보는 것은 완전히 다른 차원의 문제였다.

유리 로트만(Yuri Lotman, 1922~1933)은 이런 방식의 타자와의 소통을 '비대칭적 소통'이라고 명명하였다. 그는 매끄럽고 완벽한 소통에 대한 욕심을 버리고, 어느 정도 모순적인 어법을 사용하여 타자와의 소통을 이어갈 때, 자아와 타자 사이의 경계 넘기가 가능해질 수 있다고 했다. 타자의 문화가 완벽하지 못하다고 생각할 때, 자아는 자신의 중심 문화로 '동일화'를 시도하여 타자가 나와 같은 상태가 되도록 포섭하여 '타자성'을 소멸시키는 방식으로 소통을 한다. 시각장애 학교에서 사진 수업이 이루어진다고 할 때, 내가 처음 떠올렸던 방식도 비시각장애인들의 사진 찍는 방식을 시각장애인들이 조금 어설프더라도 따라 할 수 있도록 가능한 한 쉽게 가르치는 것이었다. 만약 이런 방식을 계속 밀어붙였다면, 시각장애 학생들이 사용하는 낯설지만, 가치 있는 그들만의 사진 언어를 불가피하게 희생시켰을 것이다. 그리고 나는 그들의 사진 언어로 표현된 것들을 경험할 기회를 놓쳐버렸을 것이다.

하지만 반대로 내가 시각장애 학생들의 이질적이고 낯선

방식의 사진 찍기를 극단적으로 환대하면서 '차이를 인정'하는 정도로 만족했다면 그 역시 나와 그들 간의 실천적 소통은 불가능했을 것이다. '너와 나는 이렇게 다르다.'는 것을 확인하는 것으로도 큰 의미가 있다고 생각했을 테니 말이다. 그렇지만 그들과 나의 사진 언어의 다름을 인정하는 것을 넘어, 시각장애 학생들의 사진에 대한 생각과 사진표현 방식을 완벽하게 이해하는 것은 불가능하더라도 가능한 조금이라도 더 이해하기 위한 시도를 멈추고 싶지 않았다. 그래서 그들을 따라 하기도 하고, 내 방식과의 '섞음'을 시도하는 등의 복수 언어적 사진표현을 계속 이어갔다. 나와 시각장애 학생들 사이의 경계를 넘기 위한 노력은 비대칭적 소통을 기반으로 경계를 극복하려는 시도였다. 그리고 이는 우리 사이에 어떤 경계가 있으며 그 경계는 이전과 어떻게 다르게 보아야 하는가에 집중하는 데 도움이 될 수 있었다.

제3장 시각장애 학생들의 사진찍기

'사이' 공간에서의 시각장애인 '지향' 사진 교육

시각장애 학교 사진 수업은 더이상 내가 익숙한 사진 언어를 일방적으로 가르쳐야 한다는 공간이 아니었다. 그렇다고 시각장애 학생들의 사진 언어를 낯설고 이상한 채로 두고 '다름'을 인정하는 척 한 걸음도 다가가지 않고, 경계를 더 공고하게 고착시키는 공간도 아니었다. 내게 이 사진 수업은 이질적인 두 사진 언어가 공존하는 사이-공간이 점점 되어가고 있었다. 서로 완벽하게 소통되지 않지만, 끊임없이 모순적 번역이 시도되는 역동적인 공간이었다.

이 사이-공간에서 내가 시각장애 학생들의 사진 언어를 완벽히 이해하게 되었다는 의미는 절대 아니다. 사실 모순적으로 느껴질 수도 있지만, 시각장애 학생들도 자신이 어떻게 다르게 사진을 찍고 있는지, 그렇게 다르게 사진을 찍는 것이 어떤 의미를 지니는지 충분히 이해하고 있는 것 같지 않았다. 그렇다면 처음부터 무모한 수업이고, 무의미한 연구였던 것 아니냐고 생각할 수도 있다. 하지만 그들이 찍는 사진의 의미는 원래부터 내재되어 있었던 것이 아니라, 사실은 사진을 찍는 시각장애 학생들과 내가 우연히 만나게 되면서 발생하게 된 것이었다. 그 의미를 해석하고 발견하는 일은 전적으로 나의 몫이었다. 학생들도 자신의 사진을 이해하지 못하는 방식까지도 충분히 내게는 '영감'이 될 수 있었다. 사이-공간에서 이루어져야 하는 사진 교육은 그래서 철저히 시각장애인을 존중하고 지향 사진 교육이 되어야만 하는 이유가 바로 이것이었다.

> 영은이는 셀카를 찍으라는 선생님의 안내를 받고, 진짜 셀카를 찍기 시작했다. 하지만 카메라 렌즈를 자신으로 향하게 하고 셔터를 누르는 일은 쉽지 않은 일이었다. 그러자 카메라를 돌리지 않고, 왼쪽 귀부터 정수리를 지나 오른쪽 귀까지 자신

의 몸을 따라 카메라를 조금씩 움직이며 찰칵찰칵 사진을 찍었다. 그 모습을 보면서, '영은이 셀카에는 영은이 얼굴은 나오지 않겠구나…' 생각했다. 그런데 문득 '영은이 사진에 찍힌 피사체들은 모두 영은이 맞은 편에 있는 것들이겠구나!' 하는 생각이 들었다. 운동장 가운데서 찍은 영은이의 사진에는 학교 건물 현관, 2층, 3층, 4층, 하늘, 또 하늘, 하늘, 그리고 건물 반대편 나무, 낮은 꽃, 화단… 이런 것들이 찍혀 있었다. 찍힌 것들을 모두 모아보니 꼭 좌표처럼 하영이가 이날 운동장 어디에서 사진을 찍고 있었다는 것을 알 수 있었다. 피사체를 정면으로 찍는 것이 아니라, 피사체 반대 방향의 것을 찍어서, 피사체가 어디 있었는지 입체적으로 보여줄 수도 있겠다는 생각이 들었다. 이런 난해한 "좌표"를 사용해서, 그 해석도 난해할 수도 있는 사진찍기 방법에 대한 영감이 떠올랐다. 찍고자 하는 피사체가 사진에는 없지만, 사진과 함께 짝을 이뤄 함께 다니는 사진 말이다. 또 한 수 배웠다.

(2017. 10. 26. 수업 관찰지)

제4장 사진 찍는 너를 보는 나를 보다

이 책의 내용은 사진을 매개로 '시각' 능력이 손상 혹은 상실된 학습자들과 비시각장애인 연구자인 나와의 만남이라는 사건에서 시작된 나의 혼란과 무지함의 실체가 무엇인지 다루고 있다. 지금까지 익숙하게 사용해 온 방식들로는 도무지 내가 직면한 상황이 무엇인지 파악조차 힘들어서, 이전에 들어본 적은 있지만 한 번도 사용해 본 적 없는 낯선 연구 방법들을 사용해 볼 용기를 내보게 되었다. 그것이 바로 '자문화기술지'였다. 타자를 이해하기 위해, 나를 먼저 들여다보는 연구 방법이었다.

사진 찍는 시각장애 학생들을 보고 있는 '나'를 들여다보기. 그것이 어쩌다 나의 연구 목적이 되어버렸는데, 그로 인해 내가 얼마다 닫힌 사고를 하고 있었는지 깨닫게 되었고, 이 연구가 아니었다면 절대 일어나지 않았을 변화를 조금씩 경험하게 되었다. 연구 초반 무의미한 탐색일 것 같다는 판단에 중단될 뻔한 이 연구는 연구 방법을 '자문화기술지'로 선택한 이후로 점점 더 예상치 못한 방향으로 진행되었다. 솔직히 '이렇게 해도 되나?' 하는 불안감이 컸다. 하지만 내가 생각하는 사진이 무엇이었으며, 그 생각은 어째서 당연하게 받아들여졌는지, 그리고 왜 한 번도 다른 방식으로 사진을 찍을 수 있음을 의심해 보지 않았는지 등 나에 대한 이해가 깊어짐에 따라, 신기하게도 시각장애 학생들이 고집하는 낯설고 이상한 사진 언어와 문법들이 만들어 내는 '잠재성'을 발견할 수 있는 눈이 생겼다. 이 잠재성을 감각하기 위해, 나는 그간 익숙하게 사용해 왔던 사진과 사진 교육에 대한 경험적 지식과 관념을 내려놓는 일을 선행해야만 했다. '사진 찍는 타자'로서 시각장애 학생들을 만나지 않았다면, 절대 이루어질 수 없었던 나로부터의 탈주는 오히려 사진과 사진 교육에 대한 확장된 관념을 가질 수 있도록 해주었다.

이 자문화기술지 연구의 결과는 한 연구자의 개인적 깨달음에 그치기보다 비시각장애인이 주도하고 있는 사진 문화와 시각 중심의 사진교육과 관련된 사회문화적 의미와 시사점으로 더욱 확장될 수 있을 것이다. 시각장애 학교 사진 수업을 참여하는 과정에서 나의 경험을 성찰한 이 연구의 시사점을 정리하면 다음과 같다.

첫째, 낯선 사진 언어를 사용하는 더 많은 타자와의 만남이 더욱 적극적으로 시도될 필요가 있다는 것이다. 우리는 자신이 경험한 적 없는, 지금까지 존재하고 있었을지 모름에도 존재를 알지 못한 다른 차원 사진의 세계를 스스로 인식하는 것이 거의 불가능하다. 레비나스를 비롯하여 많은 철학자가 '타자'의 중요성을 강조한 이유는 '나'의 한계를 바라볼 수 있게 해주기 때문이다. 타자와의 만남은 지금까지 더 이상 이견이 없을 것 같은 대상에 대한 확고한 이해에 물음을 던질 수 있도록 해준다. 그 어떤 예술 분야보다도 시각 능력이 필수적이라고 여겨졌던 사진 분야에 '시각 능력'이 꼭 필수적이 아닐 수도 있다는 물음은 내 경우 시각장애 학생들을 만나지 않았다면 절대 떠올릴 수 없었을 물음이었다. 그만큼 시각장애인이라는 타자는 결코 부족하거나 무의미한 타자가 비시각장애인 사회 내부에서 스스로 제기되기 어려운 것들을 드러내 주는 '의미 있는 타자'일 수 있는 것이다. 그렇다면 더 많은 타자의 낯선 사진찍기를 경험하는 것은 우리들의 사진 세계를 확장하는 데 큰 도움이 될 수 있을 것이다.

둘째, 낯선 타자의 사진 언어가 만들어내는 표현의 잠재성은 그냥 감각되는 것은 아니다. 들뢰즈는 낯설고 우연한 만남이 지금까지 없던 새로운 기호를 발생시킬 수 있다고 하였지, 동시에 그는 그런 만남이 항상 유의미한 기호로서 작용하는 것은 아니라고 경고하기도 했다. 만약 무의미와 의미가 공존하는 시각장애 학생들의 사진이 가진 잠재성의 깊이를 확인하지 못한다면 어떤 의미는 만들어지다 사라져 버릴 수도 있는 것이다. 지금껏 경험하지 못한 낯선 타자의 사진 언어를 번역하는 일은 쉬운 일이 아니다. 완벽한 번역이 아닌 비대칭적 소통 정도라도 가능하게 해보려면 그 모순적으로 보이는 사진 문법을 적극적으로 익히고 번역해 보려는 노력이 필요하다. 타자의 낯선 사진 언어를 '틀렸다', '이상하다' 그래서 나의 사진 언어와 '다르다'고 평가하고, 무조건 내게 익숙한 사진 언어를 강요하거나, 그들과의 소통을 포기해 버린다면 우리는 더 새로운 사진표현의 잠재성을 경험한 기회를 놓치게 될 것이다.

셋째, '자아의 사진으로 회귀된 타자의 사진'으로 보려는 경향을 늘 경계해야 한다는 것이다. 시각장애인들이 자연스럽게 시도하는 시각 표현의 의미를 비시각장애인의 관점이 아닌 시각장애인의 관점에서 이해하는 게 가장 이상적이겠지만, 우리는 타자를 자아의 관점에서 자신이 공감할 수 있는 모습으로 만들어 이해하려는 경향이 있다. 하지만 이렇게 이해한 '타자'는 '자아'의 또 다른 모습일 수밖에 없으며, 왜곡된 '타자'의 모습일 수 있다. 레비나스(Levinas)에 의하면 우리는 타자를 이해한다고 하지만, 결국은 '자아의 또 다른 나' 또는 '자아로 회귀 된 타자'로서만 만나게 될 가능성이 크다. 이런 자아동일화 경향을 늘 경계할 수 있어야 타자와 타자의 새로운 사진 언어를 이해할 수 있을 것이다. 역설적으로 보이겠지만 타자를 이해할 수 있다는 막연한 자신감을 내려놓고, 타자는 자아에 의해 절대 이해할 수 없는 존재임을 인정하는 태도가 필요하다.

넷째, 시각장애인들에게 사진 교육을 해야만 하는 이유는 비시각장애인 교사도 함께 성장할 기회가 되기 때문이다. 나는 시각장애 학교 사진 수업에 참여하면서 시각장애 학생들로부터 '다르게 보기'를 기반으로 한 사진 표현, '다른 감각들을 통해 보이지 않는 것을 보이게 만드는 사진 표현'을 배울 수 있었다. 이런 학습 경험은 나로 하여금 지금까지 사진 교육에서 적극적으로 고민해 보지 않았던 '눈의 미학'에서 벗어난 비시각/반시각 언어를 활용한 사진 찍기를 시도해 볼 수 있는 기회를 제공해 주었다. 어찌 보면 사진 찍기가 불가능해 보이는 시각장애를 가진 학습자들에게 오히려 지금까지 '볼' 줄만 아는 눈으로는 피사체를 찾던 비시각장애인 연구자가 보이지 않는 피사체를 감각하고 표현하는 법을 배우게 되는 경험을 하게 된 것이다. 시각장애 학교 사진 수업에서 학생들로부터 새롭게 사진 언어를 사용하는 방법을 배우게 된 나는 일상으로 돌아온 지금도 그곳에서 경험한 사이-공간을 계속 넓혀가고 있다. 내가 만난 놀라운 사진 세계를 이 자문화기술지에 가능한 한 자세히 기술하려고 했지만, 그 놀라움이 전달되지 않는다면 그것은 전적으로 나의 글쓰기 능력의 부족함 때문일 것이다.

마지막 시사점은 시각장애인 대상 사진 교육의 목표에 대한 것이다. 시각장애 학생들에게 사진 교육은 그들에게 또 하나의 작은 일상을 회복시키는 것이 되어야 한다. 흔히 우리는 사진 교육의 목표를 학생들이 '사진 한 장을 잘 찍을 수 있는 능력'을 길러주는 것으로 생각하기 쉽다. 하지만 시각장애인들이 가장 시각적 선택이 필요하다고 여겨지는 사진 표현을 해보는 경험은 지금까지 시각장애인들에게 불가능하다고 여겨온 수많은 단단한 경계의 벽에 '틈'을 만들어 보통의 일상을 되찾는 작업으로서의 의미가 있다. 연구 기간 내내 나와 고민을 함께 해준 소설가 후배가 해준 말이 시각장애인을 대상으로 한 사진 수업의 의미가 무엇인지 정리하는 데 큰 도움이 되었는데, 이 짧은 말을 들었을 때 바로 '작은 일상을 회복하게 해주는 사진 교육'이 무엇인지 분명하게 이해되는 듯한 느낌을 받았다.

자꾸 사진을 찍는 게 아이들한테 무슨 도움이 될까가 계속 궁금했거든. 그런데 이야기를 듣다 보니까, 뭔가 대단한 것이 아니더라도 그냥 애네들이 사진기를 들고 있는 게 이상하지 않고, 그냥 아무렇지 않게만 느껴져도 괜찮은 거 아닐까 하는 생각이 드네.

(2021. 1. 15. 후배 소설가와의 개인적인 대화 기록)

    소설 '이상한 나라의 앨리스'의 결말에는 앨리스의 모험담을 듣게 된 언니가 자신의 일상을 새롭게 바라보는 에피소드가 나온다. 앨리스의 이상한 나라에서 체험한 것이 앨리스의 변화와 성숙만이 아닌 앨리스 주변인들의 변화까지도 가능하게 한 것이다. 나의 낯선 시각장애 학생들의 사진 세계를 체험한 경험을 바탕으로 한 이 자문화기술지가 사진과 사진 교육 그리고 시각장애인들의 사진에 관심이 있는 많은 이들에게 변화를 불러일으킬 수 있기를 희망한다.

제5장

남은 이야기

제 5 장 MORE STORIES

시각장애 학교 사진 수업은 어떻게 시작되었나

시각장애 학교는 공교육기관이기 때문에 미술 교과 수업이 있는 것은 당연한 일일 것이다. 그런데 나는 시각장애 학생들이 학교에서 미술을 배운다는 이야기를 처음 들었을 때 매우 놀랍다는 반응을 보였다. "앞을 못 보는데 어떻게 미술을 하죠?"라고 말이다. 그런데 내가 듣고 본 것들을 전했을 때 주변에 나와 같은 생각을 하는 사람들이 꽤 많았다. 오히려 담담하게 당연하다는 반응을 하는 사람은 지금까지 단 한 명도 만난 적이 없다. 이처럼 시각장애 학교 미술 수업은 우리 주변에 꽤 오랫동안 분명히 존재했지만, 비시각장애인들에게는 마치 존재하지 않는 것처럼 존재해 왔던 것은 아닐까? 한 마디로 '비존재'로 한국 미술교육의 사각지대에 있었다.

시각장애 학교에서 미술 교과 수업이 이루어지는 데는 사실 여러 가지 어려움이 존재한다. 첫째, 일단 특수교육 교육과정을 살펴보면 학생들의 장애 특성에 맞춘 미술 교과 교육과정이 따로 준비되어 있지 않다. 시각장애 학교에서 미술 수업을 하려면 일반 초중등 미술 교과 교육과정을 교사가 적절히 재구성하여 사용하라는 지침 정도가 있을 뿐이다. 특수학교 미술 교사를 희망하는 예비 교사들 역시 장애 특성에 맞는 미술교육 내용이나 교육 방법을 체계적으로 배울 기회를 얻기 힘들다. 따라서 특수학교 미술 수업 준비와 실행은 거의 전적으로 미술 교사 개인 역량에 맡겨지게 된다.

이와 같은 상황이다 보니, 특수학교에서 미술 수업을 담당해야 하는 교사들이 느끼는 막막함과 불안 그리고 부담감은 일반인들이 예상할 수 없을 정도로 클 수 있다. 이런 특수교사들의 현실적 어려움에 대해 최근 여러 연구자가 보고하고 있고, 시각장애 학생들에게 미술을 지도하는데 도움이 될 자료들이 만들어지고 있지만 여전히 많은 현실적 어려움이 개별 교사의 몫으로 남아 있다.

좀 더 심각할 수도 있는 두 번째 어려움은 '시각'이 필수적이라고 여겨지는 미술교육을, 시각장애를 가지고 있는 학생들에게 가르치는 것이 불필요하며 불가능하다는 광범위한 인식과 관련 있다. 나 역시 이런 인식을 비시각장애인으로 살아온 인생 대부분의 기간 동안 가지고 있었고, 다른 사람들의 인식도 나와 거의 다르지 않아 보인다. 그런데 이런 부정적 인식이 우리 사회에 얼마나 공고하게 형성되어 있는지 시각장애 학교 교사와 학부모들도 미술교육에 대해 회의적이라고 한다. 이런 점에서 얼마나 시각장애 미술교육이 이루어지기 힘든지 미루어 생각해 볼 수 있을 것이다.

이상 언급한 두 가지 이유뿐만 아니라 여러 가지 상황이 국가 교육과정에서도 명시하고 있는 미술 교과 수업이 시각장애 학교 현장에서 이루어지기 어렵게 만들고 있다. 그렇다면 일반적인 미술 수업도 이루어지기도 어려운 열악한 상황에서 어떻게 시각장애 학교에서 사진 수업이 진행될 수 있었을까?

"시각예술을 하는 작가로서 안 보이는 세계에 대한 탐구는 필연적이었어요."

 평소 '본다는 것은 무엇일까'를 작업 주제로 오랫동안 탐구해 오던 예술가 엄정순이 있다. 엄정순 작가는 대학에서 회화과 전공 교수로 재직하던 중 다른 예술가들과의 협업처럼 시각장애인들과의 협업 프로젝트를 하게 되었다고 한다. 다른 시각을 가진 창작 주체로 시각장애인을 만나 함께 작업을 하는 과정에서 작가는 시각장애인들이 '볼 수 없는 사람'이 아니라 자신과 '다른 독특한 방식으로 보는 사람'임을 깨닫게 된다. 이후 '보이지 않는 눈을 통해 본다'는 것이 무엇인지 계속 궁금해하던 작가는 교수직을 그만두고 직접 시각장애 학교에 들어가 학생들과 미술 수업을 시작한다. 이때가 지금으로부터 30여 년 전인데 당시만 해도 시각장애 학교에서 미술교육은 사실상 거의 이루어지지 않고 있었다고 작가는 기억한다.

 1996년 엄정순 작가는 시각장애 학교에서 미술 수업이 정상적으로 이루어지고 있지 않은 문제를 해결하고, 시각장애 학생들에게 동등한 미술교육 기회를 마련하고자 민간 영리단체 〈우리들의 눈(Another way of seeing)〉을 설립한다. 충주성모학교 도예 특강을 시작으로 이후 〈우리들의 눈〉

은 여러 예술 분야의 전공자로 구성된 예술 강사(Teaching Artist)들을 각 지역 시각장애 학교에 파견하여 일대일 수업 방식을 기반으로 정규미술수업과 방과후수업, 그리고 특별워크숍 등 찾아가는 미술 수업을 진행하였다. 그 결과 초, 중, 고등학교 미술 수업뿐만 아니라 시각장애 학생들이 미술대학에 진학할 수 있게 하는 등 놀라운 성과를 만들어냈다.

이와 같이 〈우리들의 눈〉은 시각장애인들도 미술을 할 수 있고, 그렇게 이루어진 미술작업이 분명히 의미가 있다는 믿음으로 예술 강사들이 맹학교에서 미술 수업을 진행할 수 있도록 노력해 왔는데, 시각장애 학교 사진 수업도 〈우리들의 눈〉에서 기획하고 몇 년간 꾸준히 실행해 온 프로젝트 중 하나였다. 2008년, 한빛맹학교 정규 미술 시간에 국내 최초로 시작된 사진 수업에서 학생들은 사진작가들에게 사진 촬영을 배우고, 예술 강사들이 그들이 찍은 사진들을 읽어주면 자신의 사진을 기억하고 감상하는 방식으로 사진을 배웠으며, 내가 보조 교사로 참여하게 된 2015년까지 이어졌는데 그때까지도 이 시각장애 학교 사진 수업에 대해 전혀 알지 못했다.

제 5 장 MORE STORIES

시각장애 학생들이 찍은 사진이 그토록 궁금했던 이유

내가 시각장애 학교 사진 수업에 어떤 방식으로든 참여할 수 있도록 돕겠다고 한 나의 동료, Q의 약속은 바로 앞에서 소개한 〈우리들의 눈〉 담당자님께 내 이야기를 전달하겠다는 것이었다. 정확히 기억할 수는 없지만 나는 꽤 여러 달 동안 Q로부터도 〈우리들의 눈〉을 통해서도 아무런 연락을 받지 못한 채 시간을 보내야만 했다. 바쁜 일상 때문에 아무리 흥미로운 일도 금방 잊어버리기 일쑤였는데 이상하게도 맹학교 사진 수업은 정말로 보고 싶었는지, 문득문득 생각이 떠올라 '언제 연락이 올까?' 조바심을 냈다.

왜 나는 그렇게까지 시각장애인 학생들이 받고 있다는 사진 수업을 궁금했던 것일까?

나는 학부 학위를 두 개 가지고 있다. 사범대를 졸업하고 다시 교대에 입학해서 초등교사가 되었는데, 그래서일까? 사람들은 나의 이런 이력을 조금 신기하게 여긴다. 그렇게 사범대에서는 교육학을 그리고 교대에서는 초등 미술교육을 전공한 뒤 초등교사로 근무하다 2002년 미국 펜실바니아 주립대학(Pennsylvania State University) 대학원에서 미술교육 전공으로 석박사를 취득하며 연구자의 길을 걷게 되었다.

입학했던 대학원에는 '아동미술' 분야 전공 교수님이 두 분[11]이 계셨다. 보통의 경우 학과 내 서로 다른 세부 전공을

---

11) Brent Wilson교수님은 아동들의 자발적인 그림들을 오랫동안 연구하셨는데, 특히 만화그리기에 대한 아동들의 관심과 결과물을 다각도로 분석하는 연구를 진행하셨다. 또한 동서양 아동들의 만화를 비교하는 연구를 통해, 아동들이 경험하는 서로 다른 시각문화의 미술표현발달에의 영향에 대해서도 활발한 연구를 진행하였다. Christine Thompson교수님은 유아미술교육(Early Childhood Art Education) 분야에 특히 집중한 연구자셨는데, 아이들이 그림 그리는 과정과 그 과정에서 나누는 대화나 다양한 상호작용 등을 집중적으로 관찰하고 연구하셨다.

가진 교수님들이 한 분씩 있기 마련인데, '아동미술' 분야 전공 교수님이 두 분이나 있는 경우는 매우 드문 일이었다. 게다가 Brent Wilson 교수님과 Christine M. Thompson 교수님은 두 분 모두 이 분야의 대가셨다. 아마도 아동 미술 표현 발달 단계를 체계적으로 연구하고 이론화한 이 분야 대학자인 Victor Lowenfeld(1903-1960) 교수님이 재직했던 학교였던 만큼 뒤를 이어 '아동미술' 분야의 뛰어난 연구자를 모시려고 했던 게 아닐까 생각한다.

세부 전공으로 '아동미술'을 일찍부터 생각해 오고 있던 나는 운 좋게도 이 두 분께 지도를 받을 수 있었다. 두 교수님은 일반적으로 성인들이 주목하지 않는 아동들의 '낙서'를 진지하게 연구하셨는데, 특히 성인들의 영향을 받지 않는 상태에서 자유롭게 그린 그림을 자발적인 그림(Self-initiated drawing)이라고 부르시며 그 가치를 높이 평가하셨다. 우리는 아이들이 자유롭게 그린 그림을 '자유화'라는 이름으로 편하게 부르지만, 두 분 교수님은 그 자유로움의 상태를 분명하게 구분해야만 아동들의 그림을 제대로 이해할 수 있다고 주장하셨다. 즉 이런 관점에선 낙서도 모두 같은 낙서가 아니었다.

자발적인 그림으로서 낙서는 성인의 영향력이 거의 없는

상황에서 전적으로 아동의 의지에 의해 그려진 그림이기 때문에 성인의 영향력이 직간접적으로 미치는 상황에서 성인이 아동에게 자유롭게 그려도 좋다는 허락한 상태에서 그린 그림인 자유화(Voluntary Drawing)와는 분명한 차이가 있다. 학교 수업 시간에 교사가 아동들에게 마음대로 그리라고 한 상황이 후자의 예가 될 수 있다. 따라서 성인이 아동들에게 원하는 그림을 그리도록 자유를 허락한 상황이기 때문에 미술 수업을 받고 그리는 그림보다는 자유롭겠지만, 아이들은 성인이 실제로 자신들에게 무엇을 그리기 기대하는지 민감하게 포착할 수 있기 때문에 그들이 이해한 성인의 기대나 기준을 완전히 벗어나 자기 마음대로 그릴 수 없다.

반면 자발적인 그림은 전적으로 아동의 선택과 결정으로 그려진 그림이다. 그렇기 때문에 성인들에게 아동의 자발적인 그림은 불편한 그림일 수 있어 무시되거나 금지되기 쉽다. 하지만 이런 성인들의 태도는 역설적으로 아동들에게 성인들의 평가를 두려워할 필요가 없는 아주 안전한 자신들만의 미술 문화공간을 형성시킨다. 그렇기 때문에 두 분 교수님은 항상 이 공간에서 이루어지는 아동들이 자발적인 미술 활동을 탐구한다면, 아동들의 진짜 미술표현 욕구를 바탕으로 한 또 다른 미술표현 발달 양상을 발견할 수 있다고 주장하셨다. 나도 두 분의 영향을 받아 이전에는 무관심하게 지나쳐 버렸거나 무의미해 보인다고 생각했던 아동들의 자발적인 미술 표현물들을 눈여겨보기 시작했고, 이런 미술표현이 이루어지게 된 문화를 탐구하는 연구자가 되었다.

그 결과 일상적으로 만화를 그리는 아동들 그리고 그들의 만화가 내포하고 있는 의미와 기능들에 관한 석사와 박사 학위 논문 두 편을 썼고, 이후로도 성인들의 관심밖에 존재하는 아이들의 자발적인 그림들을 계속해서 탐구하게 되었다. 그리고 성인들이 관심을 두지 않는 아이들의 그림을 연구하는 과정에서 모르고 지나칠 뻔한 중요한 사실을 발견할 수 있었다.

선행 연구들은 대부분의 아동이 성장하면서 기대를 충족시키지 못하는 자신의 시각적 표현에 실망하여 표현 발달이 정체되거나, 미술에 대한 흥미를 잃어 버리게 된다고 보고해 왔다. 그런데 아동의 자발적인 그림을 연구하면서 완전히 다른 양상을 관찰할 수 있었다. 만화와 같은 자발적인 그림 활동을 지속하는 아동들은 미술표현을 포기하지도 두려워하지도 않았으며, 그들의 시각 표현은 계속 성장하고 있었다. 단지 그 방향이 성인들이 기대하지 않은 쪽으로 이루어졌기 때문에 그들의 미술 표현은 성인들 몰래 이루어지거나, 성인들이 만약 그 활동을 인식하더라도 '미술 표현'으로 인정하지 않아 그냥 무시되곤 했다. 하지만 분명 '아동의 표현 위기'로 이해되는 이 시기에도 많은 아동이 자발적인 미술 표현 욕구를 유지하고 표현할 방법들을 찾고 있었다. 그렇다면 이런 자발적 미술 활동은 어떤 상황에서 이루어지게 되며, 멈추지 않고 계속 실행될 수 있는 동력은 무엇인지 그리고 그런 표현의 특징은 무엇인지 적극적으로 탐구할 필요가 있었다. 나는 적극적으로 자발적인 그림 활동을 이어가고 있는 아동들을 관찰하고, 그들과 이야기를 나누면서 가능한 그들로부터 배우려는 자세를 유지하였다. 이렇게 아동들이 자발적으로 표현하고 있는 그림의 의미 그리고 방법들에 대한 이해가 조금씩 가능해지면서 미술과 미술교육에 대한 나의 지평도 함께 확장될 수 있었다.

성인들의 관심 밖에서 이루어지는 아동들의 자발적인 미술 표현을 연구하던 나는 문득, 그림이 아닌 다른 표현 활동에는 내가 관심을 기울이고 있지 않다는 것을 깨닫게 되었다. 디지털 사진기와 핸드폰에서 나의 아이들이 찍어 놓은 사진들을 무의식적으로 아무렇지 않게 삭제하고 있음을 발견한 것이다. 내가 생각하기에 그다지 중요해 보이지 않는 대상들을 찍은 사진, 초점이 흔들린 사진, 대상의 일부가 잘

렸거나, 구도가 이상한 사진들을 장난 혹은 잘못 찍은 사진이라고 내 마음대로 판단하고 있었다. 이런 깨달음 뒤에, '나는 왜 아이들이 이런 사진을 찍게 되었는지 궁금해 본 적이 있는가? 아이들이 찍은 사진의 의미를 무엇인지 이해하기 위해 어떤 노력을 기울였는가?'라는 질문을 스스로에게 하기 시작했다.

디지털 기술의 발달로 이제는 아이들에게 사진을 찍는 것은 아주 일상적인 표현행위가 되었음에도 불구하고, 사진을 여전히 성인이 되어서야 제대로 찍을 수 있는 것으로 여기고 있었다. 나의 경우만 해도 대학교 3학년이 되어서 처음 사진을 정식으로 배울 수 있었기 때문에 아이들은 카메라를 잘 다룰 수도 없을 뿐만 아니라, 그들의 사진은 진지한 고민 없이 단순히 셔터를 눌러 자동으로 만들어진 이미지일 뿐이라고 생각했던 것 같다. 그동안 아동의 자발적인 그림의 의미와 중요성을 이해하지 못하는 성인들을 비판해왔는데, 아이들이 찍은 사진을 대하는 나의 태도가 크게 다르지 않았다. 이런 깨달음으로 인해 나는 아동들이 일상에서 자유롭게 찍고 있는 사진표현에 관심을 두었다.

아동들이 찍은 사진들을 연구하기로 마음먹고 관련 선행연구를 찾아보았지만, 사진 교육 프로그램 개발과 운영에 대한 것들이 대부분이었고, 아동들이 자발적으로 찍은 사진들을 본격적으로 연구한 시도들은 거의 없었다. 선행연구 대부분은 미술교육 전공자가 아닌 사진 전공자들에 의해 이루어진 것이었다. 그렇다 보니 아동의 미술표현 특징이나 발달 특성 등이 충분히 고려하여 세심하게 아동에게 적합한 사진 교육 프로그램을 구성했다기보다 일반 성인을 대상으로 한 사진 활동들과 큰 차이가 없었다. 아동이 왜 사진을 찍고 싶어 하는지 어떤 사진을, 어떤 방식으로 찍는지 연령대별로 또는 문화적 배경을 고려하여 좀 더 많은 기초연구가 이루어져야 하는데, 그 부분에 대해서는 사진 전공자들도 미술 교육자들[12]도 적극적이지 않았다. 디지털 기술의 발달과 스마트폰의 보급으로 이제 아동들은 마음만 먹으면 언제든지 사진을 찍을 수 있는 환경에서 태어나 생활하고 있고, 실제로 일상적으로 사진을 찍어 소통하고 있음에도 불구하고 아동들이 찍은 사진은 마치 '낙서'처럼 여전히 성인의 관심 밖에 존재하고 있었다. 아동들은 사진의 능동적 생산자로서의 가능성은 간과되고 단지 수동적 소비자로 인식되고 있었다.

아동들이 찍은 사진을 연구하기로 결심한 후, 사진작가들

---

12) 미술교육자들이 아동사진 연구에 적극적이지 않은 이유를 나는 공교육에서 본격적으로 사진교육이 시행되기 이전 세대이기 때문이라고 보았다(김미남, 2014, 2017a, 2017b). 정식으로 배워보지 않은 것을 가르치는 것과 연구하는 것, 둘 다 어려운 일이다.

과 만나 의견을 교환하기도 하고 학술대회에서 연구 결과물을 발표하며 아동의 사진에 대한 관심을 끌어내 보고자 했지만, 예상외로 부정적인 반응이 많았다. 내가 만난 사진작가들 대부분은 길게 고민하지 않고 바로 어린아이들은 아직 제대로 된 사진을 찍기 힘들다고 단정적으로 말하곤 했다. 심지어 그들은 아이들이 찍은 사진은 '장난이지!'라는 말을 쉽게 했다. 학술대회에서 만난 선배 연구자들로부터는 아동들에게 가능한 디지털매체를 활용한 미술 활동을 늦게 경험시키는 게 좋다며 그런 연구를 하지 말라는 충고를 듣기도 했다. 하지만 이런 경험들은 아동들이 일상에서 자유롭게 찍은 사진에 대한 우리 사회의 무관심한 태도를 확인하는 계기가 되어 오히려 연구자로서 오기가 생겼다.

다른 미술 교육자들처럼 나 역시 학창 시절 사진을 정식으로 배운 경험이 없었다. 그렇다고 사진을 잘 찍고 싶다는 개인적인 욕심이 있었던 것도 아니라서 이후에도 사진을 전문적으로 배워보려고 하지 않았다. 이런 이유로 아동의 사진을 연구해 보고 싶다는 마음 한편에 솔직히 불안함과 두려움이 있었다. 사진 이론이나 사진사 등을 새로 공부해야 한다는 점이 부담스러웠을 뿐만 아니라, 아동들의 사진표현을 이해하는 데 도움이 되는 직접적인 관련 연구나 자료들이 부족해서 어디서부터 시작해야 할지 난감했다. 일단 사진 수업을 수강하고, 관련 이론서들을 공부하기 시작했으며, 사진 관련 특강이나 전시회가 있으면 찾아다니며, 강연자나 작가들에게 '아동들이 찍은 사진'과 '아동에게 사진을 교육하는 것'에 대한 생각들을 물어보며 사진에 대한 지식과 경험을 늘려갔다.

2017년 4월까지 아동의 사진 표현 발달 특성이나 사진 교육을 위한 전략 등에 대한 논문을 연달아 세 편을 쓰고, 나는 학술 행사에서 적극적으로 연구 결과를 공유하기 위해 노력했다. 그렇게 2017년의 나는 아동들의 사진표현이 어떤 발달 특성들을 가졌는지, 그리고 아동들에게 어떻게 사진 교육을 시켜야 하는지에 대한 자신감이 어느 정도 생긴 상태였고, 그래서 '사진 교육' 관련된 것이라면 무엇이든 관심을 가지고 더 배우고 연구하려는 의지가 매우 높았다.

그즈음 지인으로부터 시각장애 학교 사진 수업에 대한 이야기를 듣게 된 것이었다. 다양한 시각예술 중에서도 가장 시각적인 예술로 알려진 사진을, 그리고 어떤 방식으로 사진을 이해하고 설명하든 간에 '눈으로 바라본다'는 변함없는 전제를 바탕으로 하는 표현 매체를 시각장애 학생들에게 가르친다는 것은 말도 안 된다고 생각했다. 그렇지만 의심하면서도 시각장애 학교 사진 수업이 궁금했다. 지금까지 '의미 없다' 평가받던 아이들의 미술표현을 지나치지 않으려고 했던 연구자였기에, 이번에도 무의식적으로 시각장애인들이 찍는 사진을 성급히 판단하면 안 되겠다고 생각하였다. 전문적인 사진작가가 가르치는 사진 수업을 아동미술 연구자인 내가 연구한다는 것이 어떤 면에서는 전문성 부족이라는 부담을 느끼게 했지만, 오히려 기존의 관점에서 보면 전혀 전형적이지 않은 시각장애 학생들 사진의 새로운 정체성을 발견하기 위해서는 지금까지 전문가들이 보지 못한 아동들의 미술표현을 연구해 온 나의 경험이 도움이 될 것 같아 스스로 용기를 내었다. 이 연구는 사진보다는 아동의 입장에서 일상적인 미술표현을 연구해 온 연구자가, 전혀 전형적이지 않은 사진 교육 현장에서 시각장애 학생들과 밀접하게 관계를 맺으며 지금까지 비시각장애인들이 당연하다고 여겨온 사진표현과 다른 사진표현을 적극적으로 경험하고 이해를 시도하는 것으로 사진에 내한 생각의 확장과 사진 교육의 방향을 다각화하는 데 도움을 줄 수 있을 것이다.

제 5 장 MORE STORIES

예술기반연구(Arts-Based Research)
그림책 『ㅅㅏ진 찍어 보다』

독자 여러분이 책을 읽고 있는 시점에 이 책의 내용을 바탕으로 한 그림책 『ㅅㅏ진 찍어 보다』(2024)도 함께 출간되어 있을 것이다. 별다른 변수가 생기지 않았다면 말이다! 만약 제목이 변경되어 검색이 안 된다면 그땐 작가명 '김미남'으로 찾으실 수 있을 것이다. 이 그림책에는 '예술기반 연구(Arts-Based Research)' 또는 '그림책 기반 연구'라는 묘한 문구가 표지와 책 내지 여기저기 적혀 있는데, 그 이유는

<그림 3> 그림책 'ㅅㅏ진 찍어 보다'(김미남, 2024, 양말기획)

보통의 창작 그림책이 아닌 그림책 제작과 공유 과정 전체가 진짜 연구와 관련되어 있기 때문이다. 이 그림책은 내가 수행한 연구 결과물을 시각적으로 정리한 것일 수도 있고, 새로운 연구자료를 수집하는 도구 혹은 연구자료의 분석과 해석을 다각적으로 시도하려는 방법으로 사용될 수 있다. 책의 내용과 그림책 간의 상당한 연결성이 있지만 단순히 책의 내용을 그림책으로 옮겨 놓은 것이 아닌 이유는 '그림책'의 주

요 독자와 '그림책 텍스트(text)'가 가지는 특징, 그리고 '그림책'이 감상 되는 방법의 차이와도 관련이 있다. 이와 같이 그림책 'ㅅㅏ진 찍어 보다'는 그 기록 방법이 완전히 다르므로 동일한 내용으로 볼 수 없다. 이 책 '사진 찍는 너를 보는 나를 보다'와 그림책을 함께 읽으며 비교해 볼 기회를 가진다면 또 다른 감흥을 느끼실 수 있을 것이다.

그렇다면 왜 나는 그림책으로 연구를 수행하고 그 연구 결과를 공유할 생각을 하게 되었을까?

학문 영역에서 이루어지는 연구 결과물은 보통 관련 연구자들 사이에서 폐쇄적으로 공유되며 대중들이 접하기 힘들다. 이런 대중적 공유가 이루어지기 힘든 이유로 자주 언급되는 것이 학술논문이나 보고서에 사용되는 '어려운 전문용어의 장벽'이다. 대중들이 일상생활에서 편하게 사용하는 용어나 표현 대신에 어렵고 낯선 용어들을 사용하다 보니 읽을 때 심리적인 부담이 없을 수 없을 것이다. 지루하고 딱딱하고.

편안하고 즐겁게 최근 연구자들이 발견한 것들을 접할 수만 있다면, 우리의 삶에 많은 변화들이 가능하지 않을까?

하지만 오랫동안 연구자들과 대중들 간의 소통 문제가 제기되어 왔지만, 그 틈을 좁힐 수 있는 방법을 찾는 것도, 만약 그런 방법이 있었더라도 그 시도가 쉽지 않았던 것 같다. 지금까지도 똑같은 고민이 계속되는 걸 보면 말이다.

내 경우도 아동미술 전문가로서 관련 연구를 수행하면서, 늘 답답함과 아쉬움을 느끼곤 했는데, 그것은 바로 내 연구 결과물이 정작 도움이 될 사람들에게는 전달되지 않는다는 것 때문이었다. 내가 연구하는 이유는 아동들이 만들어내는 시각 표현이 어떤 가치들이 있는지, 그리고 그렇게 중요한 시각 표현이 잘 발달할 수 있도록 어떤 지원과 교육이 필요한지 등을 탐색함으로써 아동들의 미술표현 활동이 지속적으로 유지될 수 있도록 하는 것인데, 이런 내용은 언제나 학술 행사나 학술지 등을 통해 소수의 연구자에게만 소개되거나, 사범대 미술교육과 학생들에게 공유될 뿐이었다.

'어떻게 하면 내가 알고 있는 것과 알게 된 것, 그리고 계속 고민하는 것을 아동, 청소년 그리고 부모나 교사를 포함한 그들의 주변 성인들과 공유할 수 있을까?' 사실 연구를 하는 것만으로도 벅차고 힘들었지만, 이런 고민을 멈출 수 없었다. 왜냐하면 내 전공 분야 특성상 더 대중들의 삶에 가깝게 다가가는 연구자가 되어야 했기 때문이다.

하지만, 내가 마주하고 있는 현실에는 여전히 연구 방법론의 선택과 연구 결과물을 정리하는 데 있어 엄격한 학문적 기준이 존재했고, 나 역시 그런 연구 절차를 따라야 한다는 압박감과 부담감을 떨치기 힘들었다. 대중들에게 더욱 가까이 다가가 학술적 성과들을 나눌 방법을 찾아야 한다는 고민은 계속되었지만, 나의 연구는 학술논문 형식에 맞추어 전문 용어들을 한껏 사용하여 작성되고, 학술지에 투고되고 출판되었으며 가끔은 학술대회에서 발표되는 과정을 무한 반복하고 있었다. 그리하여 학문 세계 밖에 있는 그 누구도 내가 어떤 연구를 하고 어떤 의미 있는 발견을 했는지 알 수 없는 시간이 계속되었다.

그러던 중, 미국에서 대학원을 다니면서 우연히 알게 된, 전통적인 연구 방법과 너무나도 달라서 '정말 이런 방법으로 연구해도 괜찮은 걸까?'라고 생각했었던 연구 방법, '예술 기반 연구(Arts-Based Research)'를 기억해 냈다. 2000년대 초반부터 학술 연구를 진행함에 있어 예술의 힘을 사용해 보려는 연구자들이 등장했고, 그들이 다양한 예술을 활용하여 실험적인 연구를 해오고 있다는 사실은 관련 논문이나 발표를 통해 어느 정도 알고 있었지만, 이런 연구 방법을 직접 사용하는 동료 연구자도 내 주변에 없었으며, 나 역시 흥미롭긴 했지만 사용해 볼 용기는 없었다.

이 예술 기반 연구를 수행하는 연구자들은 어려운 전문 학술용어로 이루어지는 연구 과정과 연구 결과물이 얼마나 대중들의 접근성을 어렵게 하는지 비판적으로 보기 때문에 '예술'이 지닌 '무언가와 쉽게 연결될 수 있는 특성인 연결성'에 집중한다. 서로 다른 언어를 사용하고, 서로 다른 문화적 배경을 가지고 있는 사람들이 예술을 통해 쉽게 소통하고 공감하는 경우를 우리 주변에서 쉽게 발견할 수 있는 것처럼 예술 기반 연구를 진행하는 연구자들은 '연결성'을 이 연구 방법의 최대 강점으로 여기며, 그렇기에 더 적극적으로 예술을 활용한 연구를 시도할 필요가 있다고 주장한다.

> 예술을 통해 우리는 무언가와 쉽게 '연결'될 수 있다.
> (Leavy, 2018, p. 8)

예술 기반 연구는 다양한 예술 분야들이 활용되는데, 소설 기반 연구, 시 기반 연구, 시각예술 기반 연구, 무용 기반 연구 등이 존재한다. 나는 다수의 연구자가 거의 시도해 본 적 없는 '그림책'을 선택하여 그림책 기반 연구를 시도해 보기로 마음 먹었다. 아동들의 미적 경험을 풍부하게 하고, 지속적인 미적 성장을 위해서는 아동을 직접 지도하는 것뿐만 아니라 미술에 대한 성인의 생각을 바꾸는 것이 아주 중요했다. 성인이 학습하고 내면화한 미술에 대한 고정된 이해는 아동에게 재학습되고 또 계속 전수되기 때문이다. 성인들의 왜곡된 생각을 흔드는 작업과 아동들이 미술에 대한 성인의 전통적인 가치관을 수동적으로 학습하지 않는 경험을 두 대상 모두가 동시에 가질 수 있도록 하는 경험이 필요했다. 그림책을 매개로 성인과 아동이 밀접하게 상호작용을 하는 시공간을 의미 있게 구성하는 것이 매우 중요했다! 그림책이 내게는 이것을 가능하게 할 가장 적합한 예술 양식이었다. 만약 성인이 그림책을 아동에게 읽어주면서, 그리고 아동이 성인이 보여주는 그림책을 통해 미술표현과 발달에 대한 고민과 성찰을 적극적으로 할 수 있는 방법을 찾을 수만 있다면, 그보다 효과적이고 의미 있는 일은 없을 듯했다. 그래서 시작한 예술 기반 연구/그림책 기반 연구 첫 실행 결과가 그림책『나는 ㅇㅣ런 그림 잘 그려요』〉(2023)이고,『ㅅㅏ진 찍어 보다』(2024)는 두 번째 실행의 결과물이다.

제 5 장 MORE STORIES

도움이 되었던 자료들

시각장애 학생들과 그들의 미술표현을 이해하는데 나보다 훨씬 오래전부터 시각장애인들의 미술 활동의 가치를 깨닫고, 그들을 위한 미술교육의 필요성을 주장하며 함께 미술 활동을 계속 해 온 분들의 기록들이 큰 도움이 되었다. 특별히 내게 많은 감동과 영감을 주었던 세 분의 이야기, 그리고 참고했던 책과 논문을 소개하고자 한다. 눈을 뜨고 있어도 볼 수 없었던 새로운 지각 세계를 발견하고 공유하고자 했던 이들의 노력과 열정이 없었다면, 나의 연구는 단 한 걸음도 앞으로 나아갈 수 없었을 것이다. 이렇게 소중한 자료들이 더 많은 사람들에게 알려지고 읽혀야 한다는 믿음 그리고 그들에 대한 나의 존경심을 표현하고 싶은 마음 때문에 이 책을 바로 마무리하지 않고, 부록 페이지를 마련하였다. 말이 부록이지 사실 나의 입장에서는 이분들의 성과를 소개하는 것만으로도 이 책의 부족한 부분이 다 채워질 수 있다는 것을 알고 벌인 일이다.

(1) 연구하는 초등학교 교사 박정유님의 논문

> 박정유 (2014). 시각장애 초등학생의 평면표현에 나타난 촉각의 특징과 의미. 미술교육논총, 28(3), 71-106.

'시각장애'와 '미술교육'을 키워드로 논문 검색을 하면서 우연히 박정유 선생님께서 쓰신 석사학위 논문을 읽게 되었다. 최근에는 시각장애인의 미술표현 혹은 미술교육과 관련된 논문이 꽤 발표되고 있지만, 내가 처음 시각장애학교에서 보조 교사를 시작할 때만해도 참고할만한 논문이 많지 않았다. 논문수가 적다는 문제뿐만 아니라 시각장애인들의 미술표현을 이해하기 위한 탐구를 집중한 시도한 연구 논문을 찾기 힘들다는 게 더 문제였다. 겨우 찾은 논문들도 내 궁금함을 해결해주지 못해 읽고 실망하는 일이 잦았다.

그래서 박정유님의 식시학위 논문도 처음엔 별 기대 없이 읽기 시작했는데 읽는 내내 "와~ 와!" 소리를 연발하며 밑줄까지 치며 몇 번을 더 읽었던 기억이 난다. 오죽 흥미롭게 읽었으면 이런 연구를 해주셔서 감사하다는 인사와 앞으로도 이런 좋은 연구 계속해달라는 말을 꼭 전해야겠다는 생각을 했고, 논문에 적혀 있던 저자의 이메일 주소로 연락을 드리기까지 했다.

이 논문은 인간에게 가장 중요한 지각 방식이라 여겨지는 시각이 아닌 촉각을 중심으로 살고 있는 시각장애(전맹) 초등학생들의 그림을 탐구한다. 저자는 그들의 평면표현에서 촉각은 어떻게 드러나며 그런 표현의 특징은 어떤 의미를 지니는지 분석하는데 그 통찰력이 놀랍다. 사물을 눈이 아닌 손으로 관찰하고 그린 그림의 특징을 (1)사물의 주된 형(形)을 중심으로 표현하기, (2)사물의 다양한 면을 한 화면에 표현하기, (3)사물의 부분을 중심으로 표현하기, (4)사물이 입체라는 것을 나타내기 위해 주관적 표현하기, (5)사물의 세부까지 표현하기와 같이 5가지로 정리하는데, 예시로 제시하는 실제 시각장애학생들이 그린 그림을 함께 보면 놀라움이 배가 된다.

보통 시각장애인의 경우 촉각이 시각을 대신하고 있다고 생각하기 때문에 그들의 미술활동은 주로 3차원 활동으로 진행되는데, 시각장애용 그림판(특수 고무로 제작되어 있으며 위에 그림판용 비닐지를 두고 볼펜으로 선을 그리면 그 선이 위로 튀어 오르기 때문에 그 선을 만지면서 계속 그릴 수 있음)을 사용하면 평면표현도 가능하다. 시각능력에 제한이 있기 때문에 평면표현이 불가능하다 여기지만 분명 시각장애학생들은 촉각을 사용하여 평면표현을 해내는데, 저자는 어떤 촉각의 특성이 평면표현을 가능하게 하는지 질문하고 끈질기게 탐구한다.

연구의 결론 중 가장 인상적이었던 내용은 시각을 중심으로 사물을 표현할 때는 어떤 하나의 전형적인 표현 방식을 비슷하게 사용하는 경향이 있는 것과 달리 촉각을 중심으로 한 평면표현은 아주 다양한 표현 방식이 시도된다는 것이었다. 논문에는 여러 사물을 비시각장애인 학생들과 시각장애인 학생들이 그린 그림을 비교한 자료가 소개되는데 꼭 찾아보셨으면 좋겠다. 그 외에도 비시각장애인 독자들이 전혀 예상하지 못한 흥미로운 연구 결과들이 더 있는데, 지면상 모두 소개할 수 없어 아쉽다.

박정유의 논문을 읽으면, 지금까지 시각장애인들을 얼마나 막연하게 이해하고 있었는지 반성하게 된다. 나의 경우는 시각장애학생들이 찍은 사진표현을 통해 내가 살아가고 있던 인식 세계의 한계를 깨닫게 되면서 지금까지 경험하지 못한 경계 너머의 세계가 궁금해지기 시작했는데, 저자 박정유의 이 논문이 내가 이 경계 너머의 세계에서 찍힌 사진들을 이해하는데 아주 좋은 길잡이가 되어 주었다.

(2) 눈이 보이지 않는 사람은 세상을 어떻게 보는가
(이토 아사, 伊藤亞紗, 2016, 글항아리)

　작가 이토 아사는 생물학을 전공하다가 미학 쪽으로 삶의 방향을 바꾼 사람이다. 작가는 생물학이나 미학이 모두 우리가 가진 '언어'로 이해하기 힘든 신체의 기능 그리고 신체와 주변 환경과의 관계에 대해 연구한다는 공통점을 지닌다고 주장한다. 그렇기에 생물학자가 되는 대신 미학을 전공하게 되었다고 해서 자신의 호기심이 완전히 달라진 것이 아니라고 한다. 그가 궁극적으로 알고 싶었던 것은 자신과는 다른 신체로 존재하는 생명체에 대한 것이었으므로 이를 위해 필요한 상상력과 이해를 생물학이 아닌 미학으로 시도해보기로 했을 뿐이라는 것이다.

이 책에서 저자가 시각장애인을 대하는 방식은 내가 나의 책에서 유지하고자 했던 방식과도 많이 닮아 있어 매우 흥미로웠다. 저자는 지금까지 비시각장애인이 시각장애인을 대하는 아주 일반적인 방식은 시각장애인이 이 세계에서 눈으로 얻지 못하는 정보의 부족을 메꾸어 주려는 '복지적 태도'였다고 설명한다. 이런 복지적 태도는 어쩔 수 없이 상하관계를 만들기 때문에 보통의 자연스러운 인간관계를 형성하기 쉽지 않다는 문제점을 지닌다. 그래서 저자는 비시각장애인이 시각장애인들을 대할 때 복지적 태도 대신 가져야할 태도로 서로의 차이나는 방식을 '호기심'을 가지고 궁금해하고, 재미있게 즐길 줄 아는 태도를 제안한다.

우리는 흔히 나와 다른 '차이'를 발견하면 그 차이를 '결핍' 혹은 '비정상'으로 판단하는 경향이 있다. 그렇게 되면

두 삶의 방식은 공존하기 힘들다. 관계의 기울기가 생긴다. 다른 방식은 전혀 받아들여지지 않으며, 이런 차이는 수정과 교정의 대상이 된다. 이토 아사가 '호기심'을 가득 품고 바라본 '눈이 보이지 않는 사람의 세상을 보는 방식(들)'을 독자들도 긴장을 풀고, 재미있게 즐겨보기 바란다.

이 책은 내가 '눈이 보이지 않는 사람이 사진을 어떻게 찍는가'에 대한 호기심을 왜 가지게 되었고, 그들을 이해하기 위해 나 역시도 시각장애인의 신체에 빙의해 '사진을 찍는다'는 것의 의미를 다르게 해석해내려고 노력했다는 사실을 다시금 깨닫게 도와준 책이었다. 생물학에 오랫동안 관심을 가지고 살아오다 미학을 전공한 교수답게 시각장애인의 '보기'를 다양한 방식으로 설명하는데, 이 책을 읽기 전과 후에 시각장애인들에 대한 비시각장애인의 이해가 완전히 다를 거라 장담한다.

(3) 언씬테일즈(노다혜, 2024)

ⓒ 노다혜 2023

유튜브 채널 언씬테일즈(https://www.youtube.com/@unseentales)

언씬테일즈는 제자 노다혜의 졸업작품으로 만든 유튜브 채널이다. 사범대 미술교육과에 입학한 학생이 첫 날부터 '영화를 만들고 싶다'는 포부를 피력하기에 눈여겨보고 있었는데, 졸업전시회에서 정말 두 편의 단편영화를 제작해 전시했다. 시각장애인에 대한 이해와 스토리텔링의 힘 그리고 연출력과 영상기술 모두 뛰어나다.

언씬테일즈는 1) 내가 보지 못했던 이야기 2) 보이지 않는 사람들을 위한 이야기라는 두 가지 의미를 가지는데, 영화를 직접 보면 언씬테일즈가 지향하려는 바가 무엇인지 이해할 수 있을 것이다. 언씬테일즈의 로고는 시각장애인들의 대표적 소통매개체인 점자를 활용해 음과 양, 낮과 밤, 밝음과 어두움을 시각적으로 표현하고, 채널이 담고자 하는 '이면의 이야기'를 상징하고 있다.

노다혜 감독에 의하면 현재 전국 48만개의 영화 스크린 중 시각장애인을 위한 화면해설을 제공하는 스크린은 30개밖에 되지 않는다고 한다. 이것은 시각장애인이 문화 콘텐츠를 적극적으로 향유할 수 있는 기회가 상당히 제한적이라는 것을 의미한다. 이런 시각장애인들을 위해 언씬테일즈 콘텐츠는 장면 전환에서의 흑백 대비, 나레이션 또는 정보 제공을 포함하는 대사를 연출 요소로 활용해, 시각장애인들도 영상콘텐츠를 적극적으로 즐길 수 있도록 기획했다. 일반적으로 시각장애인들이 영상 시청을 할 때는 음성서비스의 지원이 필요하기 때문에 시각장애인이 비장애인과 함께 영상을 즐기기 힘들지만 언씬테일즈의 영상은 모두가 함께 감상해도 전혀 무리가 없다는 점이 매우 매력적이다!

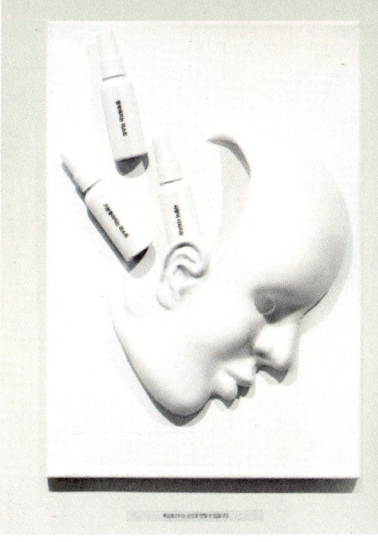

위아래 사진들은 노다혜 감독의 졸업전시 포스터인데, 시각장애인이 작품을 이해할 수 있도록 만질 수 있는 포스터를 함께 제작한 점도 아주 돋보였다.

210 사진찍는 너를 보는

(4) 영화 〈두 개의 빛: 릴루미노〉

감독 허진호, 주연 한지민, 박형식, 제작 호필름, 제일기획, 이스트 게이트 컴퍼니, 런닝타임 30분, 2017

영화 '8월의 크리스마스'와 '봄날은 간다'의 허진호감독이 연출한 시각장애인을 주인공으로 한 영화. 시력을 차츰 잃어가고 있는 인수가 사진동호회에서 시각장애인 수영을 만나 함께 사진을 찍으며 서로에게 호감을 갖게 되는 과정을 그린 영화다. 개인적으로는 이 영화에서 왜 시각장애인들이 경험하는 많은 상황들 중 굳이 사진 찍는 이야기를 선택했을까 아주 궁금했다.

시각장애인들이 비시각장애인들의 보조를 받아 사진을 찍고 사진을 전시하는 과정을 그리고 있지만, 영화를 본 관객들의 반응은 사진을 매개로 벌어지고 있는 이 두 그룹 간의 상호작용에는 별로 집중하지 않는디. 오히려 영화 중간에 등장하는 한 할머니가 시각장애인 수영의 의사를 묻지도 않고, 팔을 붙잡고 막무가내로 도와주려고 하거나, 앞이 안보여 불쌍하다며 돈을 쥐어주는 장면 등에 관객들의 반응이 압도적이다. 관객들은 이 장면을 거듭 언급하며 분노하기도 하고, 자신들이 시각장애인들에게 취했던 태도가 얼마나 잘못

되었는지 깨닫게 되었다며 반성하기도 한다. 하지만 이 '사진 찍는 너를 보는 나를 보다'를 읽고 난 뒤 이 영화를 다시 본다면 우리가 정작 '사진찍기'와 관련해서 시각장애인들을 얼마나 수동적으로 대하고 있는지 발견하고 이 부분에 대한 성찰도 이루어질 수 있을 것이다.

그런 면에서 이 영화는 시각장애인들의 사진찍기에 대해 여러 가지 고민할 거리들을 제공하고 있어 아주 흥미로웠다. 아래는 몇 장면에서 이루어진 시각장애인과 비시각장애인 보조 교사와의 대화인데, 이 대화만으로도 시각중심의 사진찍기 문화가 우리 사회에 얼마나 강력하게 영향을 미치고 있는지 깨달을 수 있다. 영화를 직접 보면 비시각장애인들이 어떤 행위로 끊임없이 시각장애인들에게 자신들의 사진찍기와 비슷한 사직찍기를 유도하고 있는지(물론 매우 선의로 이루어지는 도움이긴 하지만) 확인도 가능하다.

사진수업 교수: "자 이제부터 사진을 찍어보도록 하겠습니다. 촉감을 이용해서 눈 외에 다른 감각을 통해서, 피사체를 담아보시기 바랍니다. 우리가 아름다움을 담는데 눈이 반드시 필요한 건 아니라는 걸 느껴보시기 바랍니다."

보조 교사1	"오른쪽으로 조금만 더"
보조 교사2	"옳지 옳지 지금!"
시각장애인1	"김~치!"
보조 교사1	"하하하 잘 했으 잘나왔는데!"

보조 교사3	"그렇게…막 찍으면 안되지."
시각장애인2	"야 막이라니, 내가 보이는 대로 찍는거야"
보조 교사3	"초점이 하나도 안맞아."
시각장애인2	"야 좀 안 맞으면 어떠냐? 원래 이렇게 작가는 필로 찍는거야"
보조 교사3	"필 좋은데, 그래도 이… 초점이 맞아야 작품이 되지."

시각장애인의 사진 찍기와 관련해서는 약간의 아쉬움이 남는 영화였지만, 시각장애를 가진 여주인공이 같은 시각장애인 남주인공에게 야경을 찍으러 가자고 데이트 신청하는 장면은 개인적으로 가장 기억에 남는다. 시각장애인들이 사진찍는 게 전혀 신기한 일이 아닌 일상적인 일일 수 있음을 선언하는 듯 보였기 때문이다.

"인수씨 우리 다음 주 금요일에 야경찍으러 갈래요?"
"그래요."

(5) 거기 눈을 심어라: 눈멂의 역사에 관한 개인적이고 문화적인 탐구 (M. Leona Godin, 2022, 반비)

 이 책은 친한 후배 소설가의 딸이 내게 추천해준 책이라서 더욱 특별한 기억이 있다. 2022년 이 단행본의 시작이라고 볼 수 있는 학술논문('시각장애학교 사진수업 참여경험에 관한 자문화기술지: '볼' 줄만 아는 이가 '볼' 줄만 모르는 이에게 사진 배우기')을 쓴 뒤, 후배에게 파일을 전달했는데, 후배는 딸에게도 이 논문을 읽어 보라고 했던 모양이다. 평소 다양한 분야의 책을 두루 섭렵하는 후배의 딸은 나의 논문을 읽고, 내가 흥미 있어 할 것 같다며 책 한권을 추천해주었는데, 그게 바로 이 책 '거기 눈을 심어라'이다. 내 논문을 읽어 준 것만도 고마운데, 이렇게 특별한 책 추천까지 해주니 너무 감사해서 바로 구입하여 읽기 시작했다. 비시각장애인으로 살아왔던 내가 시각장애인들의 미술표현을 이해하는데 한계를 계속 느끼고 있었는데 이 책의 저자 리오나 고든(Leona Godin)은 비시각장애인에서 시각장애인이 되어가는 과정을 겪었고, 그 과정에서 '눈멂'의 의미에 대해 끊임없이 탐구하는데 그것이 매우 흥미로웠다.

저자는 10살 무렵부터 후천적으로 시력을 잃었다. 때문에 '봄'이 가능한 삶에서 '보지 못함'의 세계에서 살아가야 할 자신을 위해서 '눈멂'이란 무엇인가 치열하게 고민한 결과를 이 책에 담았다. 자신의 눈멂을 결핍이 아닌 세계를 인식하는 다른 방식으로 받아들이는 과정에 대한 저자의 이야기는 눈멂에 대해 우리들이 가지고 있는 선입견이나 오해 등을 다시 재고해볼 수 있는 기회를 제공한다. 눈이 멀었으니 '망했다!'가 아닌, 적극적으로 '눈멂'에 대한 의미와 가치를 찾기 위한 과정에서 저자가 발견한 것은 무엇일까? 저자의 심층적인 탐구 노력와 경험을 바탕으로 이루어진 이 책은 비시각장애인과 시각장애인 간의 넘기 어려운 경계를 타고 넘을 수 있는 가능성을 독자들에게 아주 잘 전달해준다.

책 제목을 처음 봤을 때 '거기 눈을 심어라(There Plant Eyes)'가 무엇을 의미하는지 쉽게 이해할 수 없었다. 저자는 이 책 제목을 탁월한 눈먼 시인인 존 밀턴(John Milton)이 쓴 『실낙원』에서 가져왔다고 하는데 '눈멂'이 결핍이 아닌 오히려 완벽한 시야일 수 있다는 관점의 변화를 이끌어내기 위해 선택했던 것 같다.

> 그럴수록 더욱 너, 하늘의 빛이여,
> 마음속에 빛나고, 마음의 능력 전부를
> 비춰라. 거기 눈을 심고, 모든 안개를
> 거기에서 씻어 걷어내라. 인간의 눈에
> 보이지 않는 것을 내가 보고서 말할 수 있게.

나의 책에서도 거듭 주장했듯이, 이 책에서도 가장 힘주어 강조하는 것이 눈멂에 대한 새로운 인식의 변화이다. 또한 우리가 너무나 익숙하게 수용하고 함께 살아왔던 '낡은 시각중심 문화'를 근원부터 다시 살펴야만 하는 필요성을 제기한다. 지금까지 시각장애인에 대해 익숙하게 생각하고 느꼈던 모든 것을 새롭게 살피려는 시도가 어떤 변화를 가져올 수 있는지 이 책은 아주 잘 보여준다. 추천사 중 계속 기억에 남는 문장이 하나 있다.

"만약 흑인의 자긍심, 성소수자의 자긍심이 있을 수 있고, 최근 들어와 장애인의 자긍심이 있을 수 있다면, 작은 눈썲의 자긍심이 있지 못할 이유가 있을까?"

(6) 눈이 보이지 않는 친구와 예술을 보러 가다
(가와우치 아리오, 川內 有緒, 2023, 다다서재)

눈을 가늘게 뜨고 '흰지팡이'를 갖고 있는 사람.

이 책의 주인공 '눈이 보이지 않는 친구'인 시라토리 겐지씨는 전맹 시각장애인이지만 매년 수십 번씩 미술관을 방문하는 적극적인 미술관람자이다. 눈으로 작품을 볼 수 없어 작품 안내를 해주는 비시각장애인의 도움을 받아 작품을 감상하지만, 역설적이게도 시라토리씨와 함께 미술전시를 관람한 비시각장애인들은 거의 모두 입을 모아 "시라토리씨랑 함께 작품을 보면 정말 즐거워!"라고 말한다.

시라토리씨의 미술관람은 장벽을 없애자는 의미의 '배리어 프리(Barrier Free)'라는 용어가 등장하기 전부터 시작되었는데, 어쩌면 시각장애인에게는 상당한 장벽일 수 있는 '미술관'에 관람자로 입장함으로써 스스로 그 벽을 허물었다. 1995년 그는 미술관에 전화를 걸어 자신에게 누군가 작품을 말로 설명해줄 수 있는지 부탁한다. 처음엔 그런 서비스가 없다고 거절하던 미술관에 끈질기게 전화를 걸어 거듭 부탁하고 결국 그 서비스를 제공받을 수 있는 기회를 만든 그의 용기는 이전에 좋아하는 사람과 데이트를 미술관에서 했던 즐거운 경험으로부터 시작되었다. "저는 전맹이지만, 작품을 보고 싶습니다. 누군가 안내를 해주면서 작품을 말로 설명해주었으면 합니다. 잠깐이라도 상관 없으니 부탁드립니다." 이 두드림은 모두가 안 될 일이라고 단정하고 오랜 기간을 거쳐 더욱 단단하고 두터워진 장벽을 열었고, 그 결과는 모두가 예상하지 못한 것이었다. 그 놀라움은 책을 통해 확인하시길.

눈이 보이지 않아 불편한 일이 많을 것 같은 시라토리씨는 우리의 걱정이나 불안과 달리 생각보다 빠르게 성큼성큼 걸어다니고, 길을 잃어도 당황하지 않고 길 알려줄 사람을 기다려 자신의 위치를 확인하고 다시 방향을 잡은 후 가려던 곳을 찾아간다. 이렇듯 비시각장애인들이 큰일이라고 여기는 많은 일들이 시라토리씨에게는 그렇게까지 '큰일'이 아닐 수도 있다는 것을 깨닫게 되면, 그의 세계가 부족한 세계가 아니며 그렇기 때문에 비시각장애인의 세계에 무조건 적응해야만 한다는 고집을 내려놓게 된다. 오히려 그 두 세계를 함께 이해하는 일이 더 중요하다는 것을 깨닫게 되는 것이다.

> "응, 애초에 나한테는 눈이 보이지 않는 상태가 평범한 거고 '보이는' 상태는 모르니까. 보이지 않아서 뭐가 큰일인지 실은 잘 몰라."(p. 54)

눈이 보이지 않는 친구 시라토리씨와 함께 미술작품을 보러 갔던 사람들은 혼자서 미술관이나 갤러리에 갈 때 '가상의 시라토리씨'를 상상하면서 관람하기도 한다. 그런 상상만으로도 혼자서 작품을 감상할 때보다 훨씬 더 꼼꼼하게 작품을 관찰할 수 있게 되며 깊이 생각할 수도 있게 되기 때문이다. 이 책을 읽고 이런 생각을 한 적 있다. 눈이 보이지 않는 친구와 함께 사진을 찍어본 사람들은 혼자서 사진을 찍을 때도 가상의 시각장애인 친구를 상상하는 것만으로도 아주 다른 사진을 찍을 수 있게 되지 않을까? 하고 말이다.

(7) 세상이 어떻게 보이세요? (엄정순, 2018, 샘터)

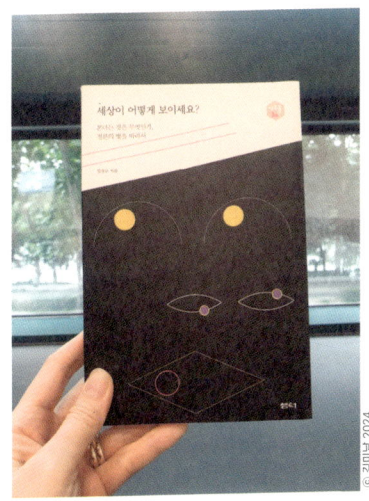

　저자 엄정순은 실질적으로 '시각장애 미술교육'이 자리를 잡을 수 있도록 한 작가이자 '(사)우리들의 눈'의 창립자 겸 디렉터이다. 어릴 때부터 '도대체 본다는 것은 과연 무엇일까?'라는 궁금함을 가지게 되었다는 작가는 그 질문의 빛을 따라 미술을 전공하고, 예술가로서 창작과 전시를 계속 이어가다가 우연한 기회에 한 프로젝트를 계기로 시각장애의 세계를 만나게 되는데, 그 이후 엄정순의 모든 것이 엄청난 변

화를 겪는다. 엄정순의 에세이 '세상이 어떻게 보이세요?'는 이 모든 과정을 솔직한 목소리로 들려준다. 그녀가 어릴 적부터 가졌던 '본다는 것'에 대한 궁금함, 시각장애인들과의 만남 그리고 그들과의 미술작업에 대한 주변의 시선과 반응을 맞받아치며 새로운 미술세계의 가능성을 재고하게 하는 아주 무모하면서도 도발적인 '코끼리 프로젝트'의 시작부터 결과 그리고 그 의미에 대해서.

> 시각예술과 시각장애의 세계는 겉으로는 전혀 다른 세계처럼 보이지만 어쩌면 서로 무관하지 않고 서로에게 영감을 주고 교감할 수 있을 것 같은 느낌이었다. 그 어렴풋한 느낌을 확인해 보고 싶은 마음이 들었다. 안 보이는 사람들과 미술작업이라니? 무모하다, 쓸데 없는 짓이다, 뜬구름 잡는다 등이 주변의 한결같은 반응이었다...(중략)...예술가로서 이들과 하는 작업은 '본다는 것은 무엇일까?'라는 질문을 정신 차리고 다시 하게 만들었다. 너무 익숙해서 더 이상 궁금해하지 않는 물음이지만 그럼에도 여전히 그것이 무엇인지 나는 모르고 있었고 알고 싶었다.(pp. 6-8)

'(사)우리들의 눈' 대표로 엄정순작가님과 만나 시각장애학교 미술수업 관련 협업을 4~5년 동안 진행했음에도 몰랐던 많은 뒷 이야기들을 이 책을 통해 알게 되었다. '눈도 안 보이는데 무슨 미술 활동이냐?'라는 생각이 만연하던 사실상 미술교육의 불모지에 '눈이 안보이기 때문에 지금까지 우리가 모르던 미술세계를 만날 수 있게 해줄 것'이라는 생각을 해볼 수 있도록 만든 용기있는 한 작가의 고민과 실천 과정을 만날 수 있다. 강추!

(8) 마음의 눈

(시각장애어린이 미술교육 후원모임 '샌드위치', 2011, ㈜ 사회평론)

'샌드위치'는 시각장애인을 위한 미술교육을 적극적으로 실천하고 있는 '(사)우리들의 눈'을 후원하는 디자이너들의 모임이다. 샌드위치의 후원으로 맹학교에 사진반을 만들게 되었고, 그 결과물을 사진집으로 만든 책이 바로 '마음의 눈'이다.

이 사진집은 크게 'The Works of the Blind'와 'The Works of the Artist' 두 부분으로 이루어져 있는데, 전반부는 맹학교(한빛맹학교, 국립서울맹학교, 대전맹학교, 인천혜광학교) 학생 20명이 찍은 사진으로 그리고 후반부는 네 명의 사진작가들의 사진을 담고 있다. 특히 맹학교 학생들의 사진은 자신들이 생각하는 '본다는 것', 자신들이 찍은 사진에 대한 설명, 사진을 찍을 때의 생각과 경험 등 실제 학생들의 솔직한 이야기가 함께 적혀 있어 특별한 감상이 가능하다.

시각장애인들이 찍은 사진과 실제 사진 작가들의 사진을

비교해볼 수도 있으며, 그들이 어떻게 사진을 그리고 서로의 사진찍는 방식을 어떻게 이해하고, 기존의 생각들을 확장시키게 되었는지 들여다볼 수 있어 여러모로 의미있는 사진집이라고 생각된다.

영은이는 ㅅㅏ진을 혼자 찍을 수 있어요
찍고 싶은 것은
뭐든 찾아 '볼' 수 있어요

나도 그런 사진을 찍고 싶어요

그림책 『사진 찍어 보다』(김미남, 2024, 양말기획) 중에서 눈이 보이는 사람과 보이지 않는 사람이 함께 힘을 모아 머릿속에서 작품을 다시 만들어나가는 과정은, 결국 보는 것에 대해 새로이 생각하게 되는 작업이기도 하다. 눈이 보이는 사람이 사실은 제대로 보지 못할 수도 있고, 눈이 보이지 않는 사람이 훨씬 더 융통성 있게 볼지도 모른다는 사실, 이러한 것을 깨달으며 서로의 관계가 변화하기 시작한다. (이토 아사, p. 185)

그림책 『ㅅㅏ진 찍어 보다』(김미남, 2024, 양말기획) 중에서

사진도 마찬가지다.

눈이 보이는 사람과 보이지 않는 사람이 함께 힘을 모아 '사진을 찍는 과정'을 다시 생각하고 시도해보는 것은 사진에서 가장 필요하다고 여겨지는 '본다는 것'에 대해 새롭게 생각하게 만들 수 있다. 눈이 보이는 사람이 사실은 제대로 보지 못해 찍을 수 없는 사진이 너 많을 수 있으며, 오히려 눈이 보이지 않기 때문에 훨씬 더 융통성있는 '봄'을 통해 사진을 찍을 수도 있기 때문이다. 이런 이해가 가능하다면 눈이 보이는 사람과 보이지 않는 사람의 관계 변화도 시작될 것이며, 그로 인해 더 넓은 사진 세계의 지평이 열리게 될 지 모른다.

끝까지 읽어 주셔서 감사합니다!

참고문헌

내지(앞)

김재인(2003). 연애에 관하여--『천 개의 고원』을 잘 읽기 위하여. P. G. Deleuze & F. Guattari(2003). **천 개의 고원: 자본주의와 분열증2**(pp. v-xi). 서울: 새물결. (원저 1980 출판)

Berger, J. (2015). 카르티에-브레송에게 바치는 헌사 (김현우 역). G. Dyer(편). **사진의 이해**(pp. 193-194). 경기: 열화당. (원저 2013 출판)

1장

김연수 (2014). 맹인에게서 '뭔가'를 보는 법을 배우기. D. Carver (2014). **대성당**(pp. 313-337). 경기 파주: 문학동네.

이경률, 공주희 (2010). 사진 이미지 리터러시 교육의 필요성과 가능성: 유아교육 현장에서 사진의 교육적 효과를 중심으로. **한국사진학회지**, 23, 6-15.

진동선 (2013). **사진 예술의 풍경들**. 서울: 중앙북스.

한정식 (2007). **현대사진을 보는 눈**. 서울: 눈빛.

Carver, R. (2014). **대성당** (김연수 역). 경기 파주: 문학동네. (원저 1983 출판)

2장

김명찬 (2015). 나는 왜 서울대학교 박사가 되어야 했나? **교육인류학연구**. 18(2), 163-195.

김영천 (2014). **질적연구방법론 Ⅰ: Bricoleur** (2판). 경기: 아카데미프레스.

김영천 (2015). **질적연구방법론 Ⅱ: Methods** (2판). 경기: 아카데미프레스.

박순용, 장희원, 조민아 (2010). 자문화기술지: 방법론적 특징을 통해 본 교육인류학적 가치의 탐색. **교육인류학연구**, 13(2), 55-79.

박에스더 (2020). 한 성폭력 피해자의 성폭력 예방교육 교수 경험에 관한 자문화기술지: '쭈구리'에서 '원더우먼'으로. **교육인류학연구**, 23(2), 67-96.

박정유 (2014). 시각장애 초등학생의 평면표현에 나타난 촉각의 특징과 의미. **미술교육논총**, 28(3), 71-106.

서영민 (2020). 세 번째 아이 기르기에 관한 자문화 기술지: 진짜 엄마 되어가기. **학습자중심교과교

육연구, 20(14), 745-764.

신유진 (2011). 시각장애아 미술교사의 삶. **미술과 교육**, 12(2), 107-134.

우리들의 눈(2017). **Teaching Artist를 통해서 보다**. 2017 우리들의 눈 미술교육 아카이빙 보고서.

윤지혜 (2018). 가르치는 예술가 되기: 한 사진 예술강사의 사례를 중심으로. **박사학위논문**. 서울대학교.

이동성 (2012). **질적연구와 자문화기술지**. 파주: 아카데미프레스.

최성희 (2019). 예술가 교사 엄정순의 시각장애 미술교육 연구. **미술교육연구논총**, 58, 131-164.

홍재영 (2018). 시각장애학교 초임 미술교사의 경험에 대한 내러티브 탐구. **학습자중심교과교육연구**, 18(14), 153-179.

Buber, M. (1988). **나와 너** (표재명 역). 서울: 문예출판사. (원저 1923 출판)

Chang, H. (2008). *Autoethonography as method*. CA: Left Coast Press.

Creswell, J. (2015). **질적연구방법론: 다섯 가지 접근** (3판) (조흥식외 역). 서울: 학지사. (원저 2012 출판)

Davis, C. (2014). **처음 읽는 레비나스** (주완식 역). 경기: 동녘. (원저출판, 1996)

Foucault, M. (2004). **성의 역사 2: 쾌락의 활용** (문경자, 신은영 역). 서울: 나남. (원저 1984 출판)

Reed-Danahay, D. E. (1997). *Auto/ethnography: Rewriting the self and the social*. Oxford: Berg Publishers.

3장

김미남 (2019). 초연결시대 미술교육의 (비)존재 경계 탐구: 시각장애 미술교육과의 비대칭적 소통의 필요성과 그 잠재가능성. **조형교육**, 71, 1-28.

김수환 (2009) '경계' 개념에 대한 문화기호학적 접근: 구별의 원리에서 교환의 메커니즘으로. 이화인문과학원(편), **지구지역 시대의 문화경계** (pp. 272-298). 서울: 이화여자대학교출판부.

김수환(2011). **사유하는 구조: 유리 로트만의 기호학 연구**. 서울: 문학과지성사.

노상우, 권희숙 (2009). 타자의 타자성의 교육학적 메시지: E. Lévinas의 철학을 중심으로. **교육학연구**, 47(4), 1-25.

진동선 (2013). **사진 예술의 풍경들**. 서울: 중앙북스.

윤지혜 (2018). **가르치는 예술가 되기: 한 사진 예술강사의 사례를 중심으로**. 박사학위논문. 서울대학교.

이란아 (2013). 루이스 캐럴의 '이상한 나라의 앨리스': 환상세계를 통한 자아탐구와 발견. 석사학위논문. 숙명여자대학교.

이상국 (2019.11.11.). **사진의 발견: 카르티에 브레송 '결정적 순간'과 결정적 비밀**. 아주경제. https://www.ajunews.com/view/20191111163354666에서 검색.

진동선 (2013). **사진 예술의 풍경들**. 서울: 중앙북스.

Davis, C. (2014). **처음 읽는 레비나스** (주완식 역). 경기: 동녘. (원저 1996 출판)

Deleuze, G. (1994). *Difference and Repetition*. (P. Patton, Trans.). New York: Columbia University Press.

Deleuze, G. (1997). **프루스트와 기호들**. (서동욱, 이충민 역). 서울: 민음사. (원저 1964 출판)

Deleuze, G. (2003). *Francis Bacon: the logic of sensation* (D. W. Smith, Trans.). London · New York: Continuum.

Lotman, Y. M. (2008). **기호계: 문화연구와 문화기호학** (김수환 역). 서울: 문학과 지성. (원저 1994 출판)

Merleau-Ponty, M. (2002). **지각의 현상학** (류의근 역). 서울: 문학과 지성사. (원저 1945 출판).

4장

우리들의 눈(2016). **시각장애미술교육 사례 조사집: 우리들의 눈 20th Anniversary Anthology**. (사)우리들의 눈.

Davis, C. (2014). **처음 읽는 레비나스** (주완식 역). 경기: 동녘. (원저 1996 출)

Deleuze, G. (1997). **프루스트와 기호들** (서동욱, 이충민 역). 서울: 민음사. (원저 1964 출판)

5장

김미남 (2014). 아동의 효과적인 사진 표현 전략 지도를 위한 사진 표현 발달의 특성 이해: 유치원 아동을 중심으로. **미술교육논총**, 28(1), 161-196.

김미남 (2017a). 아동의 디지털 사진 표현의 발달 특성 탐구: 아동의 그림 표현의 발달 특성과의 비교를 중심으로. **미술과 교육**, 18(1), 41-68.

김미남(2017b). 초등 사진교육 속 신화 찾기: 미술 교과서 및 교사용 지도서의 기호학적 분석. **미술과 교육**, 18(2), 133-156.

김미남(2023). **나는 ㅇㅣ런 그림 잘 그려요**. 서울: 양말기획.

김미남(2024). **ㅅㅏ진 찍어 보다**. 서울: 양말기획.

노다혜(2023). **언씬테일즈**. www.youtube.com/@unseentales.

박정유 (2014). 시각장애 초등학생의 평면표현에 나타난 촉각의 특징과 의미. **미술교육논총**, 28(3),

71-106.

시각장애어린이 미술교육 후원모임 샌드위치(2011). **마음의 눈**. 서울: ㈜ 사회평론.

엄정순(2018). **세상이 어떻게 보이세요?** 서울: 샘터.

우리들의 눈(2016). **시각장애미술교육 사례 조사집: 우리들의 눈 20th Anniversary Anthology**. (사)우리들의 눈.

허진호(2017). **두 개의 빛: 릴루미노** (감독 허진호, 주연 한지민, 박형식, 제작 호필름, 제일기획, 이스트게이트 컴퍼니 런닝타임 30분). https://www.youtube.com/watch?v=3y5zBY96Mio&list=PL6BDqAZuqW8IQ-bnJ-eqqq8FbeC5wGA9p&index=1에서 검색.

川內 有緒 (가와우치 아리오, 2023). **눈이 보이지 않는 친구와 예술을 보러 가다** (김영현 역). 경기: 다다서재. (원저 2021년 출판)

伊藤亞紗(이토 아사, 2016). **눈이 보이지 않는 사람은 세상을 어떻게 보는가** (박상곤 역). 경기: 에쎄. (원저 2015 출판)

Godin, M. L. (2022). **거기 눈을 심어라: 눈멂의 역사에 관한 개인적이고 문화적인 탐구** (오은숙 역). 서울: 반비. (원저 2021년 출판)

Leavy. P.(2018). **예술기반 연구의 실제**. 서울: 학지사. (원저 2015년 출판)

Thompson, C. M. (1999). Action, autobiography and aesthetics in young children's self-initiated drawings. *Journal of Art & Design Education*, NSEAD, 155-161.

Wilson, B. & Wilson, M. (1982). *Teaching children to draw: A guide for parents and teachers*. Englewood Cliffs, NJ: Prentice-Hall.

내지(뒤)

伊藤亞紗(이토 아사, 2016). **눈이 보이지 않는 사람은 세상을 어떻게 보는가** (박상곤 역). 경기: 에쎄. (원저 2015 출판)

김미남(2022). 시각장애학교 사진수업 참여경험에 관한 자문화기술지: "볼" 줄만 아는 이가 "볼" 줄만 모르는 이에게 사진배우기. **미술과 교육**, 23(1), 97-134.

김미남(2024). **사 진 찍어 보다**. 서울: 양말기획.

아동미술을 연구하는 **김미남**의
예술 기반 연구
(Arts-Based Research)
그림책

「나는 ㅇㅣ런 그림 잘 그려요」(2023)
김미남 그림/글

> 남자 아이는 무엇을 그릴까? 어떻게 그릴까?

"내가 그린 비행기는 엄청 엄청 빨리 날아가는 비행기야

그래서 내 비행기는 이런 그림으로 그려야 진짜처럼 보일텐데

어른들은 이상해"

「ㅅㅏ진 찍어 보다」(2024)
김미남 그림/글

> 그림책 언어로 다시 탐구한 『사진 찍는 너를 보는 나를 보다』(2024)

"영은이처럼 ㅅㅏ진을 찍으면

이상한 나라의 문이 살짝 열려요."

예술 기반 연구는 1970년대에 시작되어 1990년대 새로운 연구 방법으로 독자적인 장르를 구성하게 되는데 그 기저에는 전통적으로 이루어져 오던 연구방법의 한계를 예술의 힘으로 보완할 수 있다는 믿음이 깔려 있다(Leavy, 2008).

"내 연구는 누가 읽나?"

오랫동안 아동미술을 연구하고 있는 저자가 자신의 고민과 발견을 더 많은 사람들과 나누기 위한 도전! 예술 기반 연구로 만들어진 그림책을 통해 독자들은 아동미술에 숨어 있는 의미를 발견하고, 자연스럽게 새로운 연구에 참여하게 된다.

사진 찍는 너를 보는 나를 보다

: 시각장애인의 사진 찍기, 그 낯선 세계의 경계 넘기를 위한
자문화기술지(AUTO-ETHNOGRAPHY)

초판 발행 2024년 11월 1일
지은이 김미남
발행인 김동하
발행처 양말기획(등록: 279-69-00447)

양말기획

출판사 등록일 2021년 12월 25일
주소 서울 송파구 송파동 32-1 경남레이크파크 204호
이메일 h_socks@naver.com
인스타그램 @yangmal9091

기획 및 책임편집 김미남 **표지 디자인** 김미남 **본문 디자인** 김미남
표지 및 본문 일러스트 김미남 **교정** 신승은 강진영 **인쇄/제책** 천일문화사
종이 가람페이퍼

제조국 대한민국

ISBN 979-11-978165-9-8 (03660)
정가 16,000원

ⓒ 김미남 2024

이 책은 양말기획이 출판하였습니다.
양말기획은 독자 여러분의 의견을 늘 귀기울이고 있습니다.
이 책은 저작권법에 따라 보호받는 저작물이므로 무단전재와 무단복제를 금지
하며, 내용의 일부 또는 전부를 재사용하려면 반드시 저작권자와 양말기획 양
측의 서면 동의를 받아야 합니다.
책값은 뒤표지에 표시되어 있습니다.
잘못 만든 책은 구입하신 서점에서 바꾸어 드립니다.

[무료글꼴, 공공누리 제1유형 출처표기]
안동엄마까투리 by 안동시, 공유마당
Mapo꽃섬 by 마포구(디자이너 김민정), 공유마당
KCC무럭무럭, 공유마당
나눔바름고딕OTF
Adobe 명조 Std
KoPub돋움체 Light Medium Bold
KoPub바탕체 Light Medium Bold

[유료글꼴]
porong font by 슬로마인드
darong font by 슬로마인드